暮らしを哲学する

氏家法雄 UJIKE Norio

はじめに

元々、僕は東京で学者をしていました。学者と一口に言いましても、まあ、アカデミズム末端の、吹けば飛ぶような存在でしたが、それでも、哲学という学問に関わることができたことは、ささやかな自負かもしれません。

学問とは精緻な手続きを経て、筋道を立てて物事を考察する営みです。そして哲学とは、他の誰かに代わって考えてもらうのではなく、自分自身で徹底的に考えていく知的営みのことです。こうしたトレーニングを長く続けてきたことは、ちょっとした僕の誇りです。他の誰かに考えてもらったり、矛盾した思考を続けるだなんて、まったく自分らしくなく、スマートではありませんよね。

ただ、哲学や学問というキーワードを耳にすると、尻込みされてしまう、あるいは、生活とは全く無縁な机上の空論と連想される方が多いのも事実です。大学で授業をしていた頃も、そうしたイメージで教室に望まれる学生が多くいたことを思い出します。

現実には、哲学をはじめ、あらゆる学問は、暮らしや日常生活とは隔絶した精緻な議論といった印象があるのは事実ですし、そうした誤解を僕は学者たちの責任だと考えています。

ごめんなさい。

……と言うほかありません。

実際には、哲学や学問は暮らしや日常生活と密接に関わっているのも事実です。

学問が誕生したその日その時、すべての学は哲学の一部門であったと言われています。そしてその哲学の端緒となった人物とは、一冊の著作を残すこともなく刑死したソクラテス（紀元前470頃－紀元前399）だと言われています。彼は、古代ギリシアの都市国家アテネの市中を往来しながら、街人たちと闊達な対話を心がけたそうです。暮らしのなかでのちょっとした気づきや驚きを出発点として、自分自身で徹底的に考えていく営みの大切さを共有しようと試みたわけです。

ソクラテスは、暮らしのなかの話題から「本当に正しいこととは何なのか」、あるいは、「美しいとは何なのか」と考えていったわけですから、哲学や学問といった営みは日常の暮らしと全く無縁なものではありません。

当たり前に思っていることこそ、実はそのことに対して何も考えていないということがよくあります。ソクラテスの容赦のない対話はそうした錯覚を浮かび上がらせることとなり、やがて彼を刑死へと導いてしまいます。

しかし、まあ、思うに二十一世紀の日本であれば、当たり前に思っていることを検討し直すことで命まで取られてしまうことはないものと信じます。

「当たり前」といえば、僕の名前です。漢字で「氏家」と表記しますが、だいたい日本のどこへ行っても「ウジイエ」と読むことがほとんどです。東京にいた時の電気料金の検針票に書かれた名前もなぜか「ウジイエさま」でした。

しかし、僕の名前は「ウジケ」と読みます。東日本の当たり前は、当たり前ではないという話です。

さて、一口に自分自身で考えるといっても、どのような手続きが必要になるのか、そこが難問です。ただ考えろと言っても、出てくるのは妄想の類になってしまいますよね。

大切な手続きを少々紹介しましょう。まずは、自分自身にとって最も身近である自分自身の暮らしに注目してみることです。

メーテルリンク（1862－1949）の青い鳥ではありませんが、どこか別の世界に素晴らしいものが実在するわけではありません。暮らしをよくしようと思うならば、徹底的に自分自身に接近するほかありません。

しかし、あえて注目してみると、そこにはこれまで気づかなかったことや見落としていたことがたくさんあるはずです。そのことに驚いてみるのも大切です。

そういえば、浮力の原理で名高いアルキメデスは、町の共同浴場の湯船に入ったとき、「アルキメデスの原理」を発見したといいます。発見に大喜びしたアルキメデス（紀元前287－紀元前212）は、「エウレカ（わかったぞ！）」と叫びながら、素っ裸で家まで帰ったといいますが、そこは読者の皆さまの想像のご自由ということで。

数年前、思い切って象牙の塔を飛び出してみました。現在は、実社会のなかで一生活者としてどっぷりと仕事しています。今でもあらゆる事柄から学んでいかなければならないと考え、仕事と書物、あるいは、日々の暮らしと学問の往復は続けております。そこで、やはり気になるのは、暮らしと学問の不毛な対立です。暮らしと学問が密接につながっているとしても、それが対立的に対置されているような錯覚ほど不幸なことはないと確信を深めています。まだまだ、ぼんやりとしたものですが、その対立を和解させていくことが僕の目下の課題です。

本書は、暮らしと学問の対立を乗り越え、お互いがお互いのよさを引き出していくような転換のきっかけづくりになればと思い、綴ったものになります。

読者の皆さまにも、暮らしのなかで立ち止まって考え直してみる、あるいは、学び直していく、その眼差し変更のひとつの契機になればと思います。

では、「暮らしを学問する」ウジケワールドへ、ようこそ。

第1章 暮らしを振り返りながら

第2章

暮らしの中で驚いてみる

第3章 暮らしの中で考えてみる

第4章

暮らしの中で学んでみる

●ブックデザイン＝ナカグログラフ（黒瀬章夫）
●カバーイラスト＝ヒダカ ナオト
●本文イラスト＝蓮田静

第1章

暮らしを
振り返り
ながら

第１章　暮らしを振り返りながら

哲学とは、まずもって「自分で考える」営みですが、何もないところから考えることは人間にはできません。ではどこから考え始めればよいのでしょうか？

古代ギリシアの哲学者アリストテレス（紀元前３８４－紀元前３２２）は、「人間は身近な不思議に驚くことによって、自分で考え始めたのである。それから次第に少しずつ、大きな事柄に関しても考えるようになった」と述べています。

アリストテレスのこの言葉に従えば、身近なものに注目することから、「自分で考える」ことは始まります。

では、身近なものとはいったい何でしょうか？

それは、私たちの暮らしそのものです。たとえ、今の暮らしがいやだからといって、どこかへ逃げ出そうとしても、暮らしそのものから逃げることはできません。

そこで哲学では、物事から逃げるのではなく点検しようと試みます。具体的には、暮らしに注目し、自分で考えてみるのです。

とはいえ、身近な暮らしに驚きや発見はあるのでしょうか？

驚きや発見がないからこそ「日常生活」なんじゃないの？

なんて言われてしまいそうですが、そう言い切る前に、少し立ち止まってみましょう。私たちが驚きや発見の対象を見落としているのかもしれません。

私たちは、大切なものや価値あるものが身近な暮らしにあるとは思えず、どこか遠いところにあるように錯覚しているのではないでしょうか。「灯台下暗し」という言葉が象徴的です。私たちに必要なのは、身近なものには全く価値がない、大切なことなど全くないと決めつけないことです。

私たちの生活を振り返ってみましょう。庭や道端に雑草が生えている、というのはよく見かける光景ですが、じっくり注目してみると「雑草」という植物は存在しません。「雑草」と一括りに呼ばれる植物のひとつひとつには、たとえば、「ツユクサ」「ヨメナ」「ホトケノザ」など、それぞれ名前がありますよね。

雑草という言葉には、どこにでも生えていて珍しいものではないという語感が漂いますが、実際にはそのように人が思っているだけなのです。むしろ身近にあるものを、価値のないものと決めつけてしまう姿勢がその言葉を創造したのではないでしょうか。

暮らしをつまらないものにしてしまわないためには、身近な暮らしに対して積極的に関心を抱いた方がよいと僕は考えています。そうすることで、これまで見過ごしていたことへの理解を深め、学ぶことができるとすれば、これ以上の豊かなきっかけはありませんよね。そのことで、私たち自身の世界が充実していくわけですから。

アリストテレスは、「哲学は驚きから始まる」という言葉を残しています。この言葉に注目すると、大人よりも子どもの方が哲学者なのかもしれません。

小さな子どもは、道端の草花に感動し、石ころや貝殻を拾ってきて大切にします。その瞬間に、子どもは哲学し始めているのです。

どんなものにでも驚きと感動をもって接していくならば、そこに無限の意義を見出し、暮らしを豊かにしていくことができると僕は考えます。

01 ぼーっとしていることは悪いことなのか？

三密を避け、外出を避けるおうちライフの楽しみのひとつは「空想」かもしれません。自由な思考実験は、鬱陶しい気分を跳ね返すものです。しかし、ぼーっとしていると「大丈夫？」なんて声をかけられてしまうことがよくありますよね。その落とし穴について少々考えてみました。

■ ホットケーキにのって空をとぶ

「新がたコロナウイルスのせいで学校がお休みです」――。

先日、『朝日新聞』（2020年4月30日付）の声の欄に「ホットケーキにのって空をとぶ」

という投書が掲載されていました。

8歳の女の子の筆によるもので、いわゆる彼女のステイホームが紹介されていました。学校が休みになり、「わたしは、新しい遊びを考えました」。それは、「頭の中でお話を作ること」だそうです。

具体的には……、

前に読んだお話のキャラクターとして、その中に入り、「ホットケーキにのってスウェーデンの空を飛んでみました。頭の中のことなので、すぐにぼうけんに出かけられるところがいいです。ゲームをするよりも楽しいです。

出典：「声　ホットケーキにのって空をとぶ」、『朝日新聞』2020年4月30日（木）。

確かに、自分自身の頭のなかで、ちょっと大げさに言えば、思考実験するのは実に楽しいひとときです。この女の子だけでなく、大人にもおすすめです。

■ぐあいでもわるいの？

ただ、この空想ゲームあるいは思考実験には、「悩み」もあるようです。

彼女いわく、

ただ一つざんねんなのは、このあそびをしていると、家ぞくには私がぼーっとしているように見えることです。この前も楽しくあそんでいたのにお母さんに「ぐあいでもわるいの？」と言われてしまいました。

出典：前掲書。

確かに、空想ゲームをしている姿は「ぼーっとしている」ように見えます。

お母さんは「ぐあいでもわるいの？」と声をかけたようですが、「ぼーっとしている」姿というのは、病気のように見えるのかもしれません。

しかし、ここでちょっと立ち止まる必要があるのではないかと僕は考えています。

■ 合理性、生産性という落とし穴

「ぼーっとしている」と「ぐあいでもわるいの?」と見られてしまうことは、ただ単にその姿が似ているからというだけではないかもしれません。

要は、「ぼーっとしている」ことを、何か悪いことのように捉えてしまう、認識の構えがあるのではないでしょうか。そこから、その態度が消極的に評価されてしまっているのではないでしょうか。

たとえば、これは当たり前だと思いますが、仕事中にぼーっとしていれば、サボっているとみなされ、叱責を受けてしまいますよね。授業中にぼーっとしていたとしても教師から叱られます。

「生産性」という言葉が象徴的です。投資したリソースに対して、それがどれだけ効率よく製品を生み出すのかという指標が「生産性」という言葉です。

確かに効率よく商品を製造することはビジネスとしては大事なのですが、時としてそれは、私たち人間そのものが、何か機械の歯車の如きものへと転落させられてしまう契機ともなりえます。経済学者マルクス(1818−1883)に従えば、それは「人間疎外」

の労働と呼べるでしょう。

とにかくせっせと生産し続けることは、ビジネスとしては大切です。しかし、その製造が、たとえば会社にとって都合のよいルールで動いているのだとすれば、それは人間の自由や自発性を奪い、人間性そのものを都合よく捻じ曲げてしまっているのではないかとも考えられますよね。

そして、生産性を重視する姿勢が私たちの社会のデフォルトとして設定されていることをこの投書は物語っています。

社会を営むには、確かに、合理的であったり、生産的であったりする方が都合がよいでしょう。いうまでもないのですが、1時間の作業時間で2つの商品を作るよりも、3つ作ることは大切です。

しかし、それがすべてのモノサシとなってしまうことには警戒的であるべきではないでしょうか。

ちょっとした認識の硬直化、あるいは構えの固定化が、人間が人間らしくあることを阻んでしまうとすれば、それはちょっと怖いことですよね。

この女の子は、ぼーっとすることで、明日への活力を蓄えています。

一概に、ぼーっとしてしまうことを批判するのではなく、時々、ぼーっとするぐらいがちょうどいいのではないでしょうか。

「散策中、頭を空っぽにし、何の抵抗もせず束縛も受けず、気質のままに思考しているうちに、ふと浮かんでくる夢想を忠実に書きとめる」ことを晩年の日課とした思想家がいます。人間の不平等の原因を徹底的に考え、自由と平等の実現を構想したジャン・ジャック・ルソー（1712-1778）です。

全くの孤独に閉ざされたルソーは、散歩の途上に浮かび上がる想念を書き留めたといいますが、これも立派な空想ゲームのひとつかもしれません。

しかし、この「何かに邪魔されることもなく、自分のためだけにある時間」とは、ルソーの指摘する通り「一日のうちで最も私が私でいられる時間」であり、そこから人間や社会に対する理解が深まり、認識が更新されていったわけですから、「ぼーっとする」ことは侮れませんよ。

「君の眼を内に向けよ、しからば君の心のなかに
まだ発見されなかった一千の地域を見出すであろう。
そこを旅したまえ、
そして自家の宇宙誌の大家となれ。」

出典：ソーロー（神吉三郎訳）『森の生活　ウォールデン』岩波書店、1991年。

十九世紀アメリカの良識を代表する思想家H．D．ソロー（1817−1862）は、何よりも精神の自由を愛する人として知られています。

ソローの生きた時代のアメリカは、産業革命が進み、開発と濫費といった現代の消費社会の原型が作られようとした時代です。こうした風潮にプロテストしたソローは、ボストン郊外の森の中、ウォールデン湖のほとりに小屋を建て、自然のなかで自給自足の生活を始めました。この2年間の体験をまとめたのが『森の生活』です。

文明社会であくせく生きている人々が労働と金銭に縛り付けられている姿は、人間

らしい姿でしょうか？

人間が本当の自由を失っていると考えたソローは、消費社会と決別し、自然との交流のなかで、精神の自由を満喫していきます。文明批判の嚆矢とも言える本書は、今でいうエコロジカルな発想の源にもなっています。

一見するとソローは森へと隠遁したかに見えますが、決してそうではありません。森の生活をはじめて1年後の1846年、ソローは米墨戦争と奴隷制に反対し、税金の支払いを拒否します。この経験から編み出されるのが『市民の反抗』（1849年）です。

一個の人間の精神の自由を愛したソローは、決して他者と隔絶して大自然を満喫した孤立者ではありません。他者の自由を護ることにも全力で取り組み、そのアクションは非暴力抵抗運動の原点にもなったといいます。ガンディー（1869－1948）やマーチン・ルーサー・キング（1929－1968）にも多大な影響を与えたこうした思想は、消費社会のコマとして他人本位に生かされる生と決別することで生み出されたことに注視したいと思います。

ぼーっと自然のなかで立ち止まり、一息入れて考え直すことは時には必要ですよね。

02 当たり前から抜け出してみる

自分と同じような考えを持つ人と一緒に仕事をするのは理にかなっているように見えますが、時としてエコーチェンバー現象へ陥ることがあります。同じ意見が反復されるところには発見は起こりにくくなりますから、私たちは、あえて見過ごしがちなことを点検してみることが必要かもしれません。わざわざ点検してみることで、意外な発見があるものです。

■天才政務委員が心がけていること

新型コロナウイルス感染症の対策をめぐって、台湾の若き「天才デジタル担当大臣」ことオードリー・タン（唐鳳、１９８１－）政務委員が注目を集めました。限られた数のマスクを均一に行き渡らせる政策に尽力し、世界でも珍しい成功を収めたといいます。
また、「少数の人が高度な科学知識を持っているよりも、大多数の人が基本的な知識を持っている方が重要である」という公衆衛生の観点から、一人ひとりの人間のエンパワメントとイノベーションを促し、パンデミックに対応したともいいます。

オードリーさんに一貫しているのは、生活のどこからでも学び始めるという姿勢です。ただし、「自分と似たような経験をしてきている人たち、自分と同じような考え方を持つ人たちのみと、交流し、一緒に働くこと」には注意しているとも言います。

つまり、閉じたコミュニティの内部にいて、自分と似たような意見を持った人々の間でコミュニケーションが行われても、結局は同じ意見がどこまでも反復され続けるだけです。
それとは反対に、自分とはまったく異なる文化、異なる世代、異なる場所にいる人の話を聞き続けることで、自ずと「世界共通の普遍的な真実、普遍的な意見というものがある」ことを発見するでしょう。

出典：オードリー・タン『オードリー・タン　デジタルとＡＩの未来を語る』プレジデント社、２０２０年。

■共感や親近感よりも違いや違和感こそ

異なる人間とのコミュニケーションによって普遍的な真実・意見を発見すると聞けば、少し大げさに聞こえるかもしれませんが、確かに同じ意見の人たちと話し合ったりしても、同じ言葉が繰り返されるだけなのは事実です。

似たような経験を持つ人たちとのコミュニケーションには共感が多く、楽しい気持ちになったりもしますよね。自分の意見に賛同してくれる人には、饒舌になって話しすぎたり、その居心地のよさにコミュニケーションの愉しみを感じるものです。

しかし、後で思い返してみると、何か物足りないと感じることはないでしょうか？

もちろん、お互いに親近感を抱くことは決して悪いことではありません。暮らしをつつがなく遂行していくうえでは必要不可欠なものであると言ってもよいでしょう。

ただ、それ「だけ」になってしまうと問題があるのかもしれません。

共感や親近感と対極にあるものとは何でしょうか？

それは、異なる意見や異なる人間との出会いということに尽きます。意外に思われるかもしれませんが、実は、この異なる他者との出会いにこそ、話すことや聞くことの本当の「愉しみ」が潜在しています。

たとえば、ひとつの話題をめぐって、自分とはまったく異なった考えを持つ人がいたとします。最初は当惑を覚えるかもしれませんが、そこでシャットアウトせず、耳を傾けてみると、どうでしょうか？

自分とは異なる考えを前にして、少しだけ開いてみる、あるいは深堀りしてみるならば、自分が想像もしていなかった発想や着眼点が浮かび上がってきます。

違いを嫌悪するのではなく、「どうしてそう考えるのだろうか」と突き詰めていくと、話は面白くなっていきます。そして、これまで見えてこなかったことが見えてくるようになると僕は考えています。

■私はインスタント麺巡礼者

異なる意見にあえて自分を晒すことで、当たり前すぎて見えなくなっていたものが見えるようになり、見落としていたことに気がつくことができます。

では、気づきのきっかけとはどこにあるのでしょうか？

それは、人間が生きものである以上、生きている世界、すなわち生活や暮らしのなかにあります。当たり前のようにそこにあるものは見えにくくなりがちですが、だからこそ改めて注意を向けることが重要になってきます。たかが暮らし、されど暮らしなのです。

具体的には、いろいろな方法があるとは思いますが、たとえば「郷に入っては郷に従え」といった当たり前に、あえて逆らってみるのもひとつの手ではないでしょうか？

そういったヒントに満ちあふれているのが、新聞の投書欄です。

『朝日新聞』の「声」の欄におもしろい投書がありました。それは「日本でインスタント麺を食べる時、まだ食べたことがない商品を絶対に食べることにしている」という留学生からものです。この方は、「食べるのは料理の手間を省いたり、お金がなかったりという理由」ではなく「文化の一つだと思う」から愛食するそうです。


日本のインスタント麺の種類は台湾より多く、新鮮感もある。また、カップ麺のふたはインスタント麺巡礼者の御朱印だと思う。

期間限定や地域限定というふたは必ず集める。東日本と西日本のバージョンがあるものや、イメージキャラクターとしてタレントの写真があるふたなどはとても印象に残っている。

インスタント麺は国境を越え、国家や年齢、性別の違いも越えて人の心を一つにする日も近いと私は信じて疑わない。

出典：「私はインスタント麺巡礼者＝留学生」、『朝日新聞』２０２０年1月25日(土)。


「インスタント麺は国境を越え、国家や年齢、性別の違いも越えて人の心を一つにする日も近いと私は信じて疑わない」などと聞いてしまうと、ちょっと大げさすぎるように聞こえるかもしれません。しかし、インスタント麺は「料理の手間を省いたり、お金がなかったりという理由」で食べるものだ、という「当たり前」の考え方を完膚なきまでに破壊してくれる意見でもあります。

ただ単に空腹を満たすものとしてインスタント麺を捉えるのではなく、文化として捉えてみることで、ふだん気づくことのできない、見落としていた意義を見出すことができるのではないでしょうか。

こうした驚きや発見は、ふだん顧みられることのないものに数多く潜在するのではないかと僕は考えています。

哲学の小径

けだし、驚異することによって人間は、今日でもそうであるが、あの最初の場合にもあのように、智恵を愛求し（哲学し）始めたのである。ただしその初めには、ごく身近な不思議な事柄に驚異の念をいだき、それから次第に少しずつ進んではるかに大きな事象についても疑念をいだくようになったのである。

出典：アリストテレス（出隆訳）『形而上学　上』岩波文庫、1959年。

哲学という日本語は、ギリシア語のフィロソフィアという言葉に由来します。もともとの意味は、「知恵を愛すること」です。この言葉を日本語に翻訳した明治時代の啓蒙思想家、西周（1829－1897）は、「希哲学」と訳したそうで、賢い知恵を「希う《ねが》」学という意味では、こちらの方が正確な翻訳ですね。

さて、古代ギリシア最大の哲学者アリストテレスは、人間という生きものは「生まれつき、知ることを欲する」と特徴づけ、哲学という営みに他の動物とは異なる人間の人間らしさを見出しました。

では、この知恵を愛する哲学の営みとは、いったいどこから始まるのでしょうか？

アリストテレスに従えば、「哲学は驚きから始まる」ということに尽きます。すべての物事に対して驚きをもって接することで、新しい気づきや発見が見い出されていく、つまり「知恵を愛する」ことが可能になるという道筋です。

そして、その哲学の現場とはどこにあるのでしょうか？　それは「ごく身近な」ところにあるとアリストテレスは指摘しますが、ここに留意したいですね。

03 ボールペンという思考の軌跡

鉛筆やシャープペンシルよりもボールペンの類を日常生活のなかでは、重宝しています。

消すことができないボールペンを愛用することは、ひょっとすると、自身の思考の軌跡を残し、その変化を確認したいからかもしれません。その軌跡をたどってみると、生きた経過を反芻でき、小さな発見があります。

■ 消すことができない

最近、ちょっとしたイラストを描く機会が多くあり、鉛筆を使い始めました。いざ使ってみると、消しゴムを持っていないことに気づき、20年ぶりぐらいにプラスチック消しゴムの定番品を新調し、「ああ、それほど、消すことのできる筆記具を使っていなかったのか」と驚愕した次第です。

振り返ってみると、高校生の後半ぐらいから鉛筆やシャープペンシルよりも、ボールペンを使う比率が高くなったように感じます。

もちろん、筆記試験に代表されるように、書き直しが必要な事柄については、鉛筆の類いを使っていますが、どこかに提出する必要のないものは、それが「書き直し」を要するものであっても、ボールペンでほとんど済ませるようにしています。

ボールペンで「書き直し」をすると、消しゴムで消してしまえる鉛筆と違って、「書き直し」の跡が残ります。手帳に認める予定の変更のような案件については、修正テープを使って「更新」したりしますが、ボールペンで書いた事柄を残し続けることに意義を見出していると考えれば、自分は事柄の加筆による軌跡を大事にするために、ボールペンを使っているのかもしれません。

■人間の思索の変化について

人間の思索はどのように変化していくのでしょうか。あるいは、何をどう訂正していくのでしょうか。

ボールペンを使った加筆や修正の記録は、確かに人間の思索の変化を記録していることになりますが、それは絶えず人間の思索や行動を反省していることになるのではないでしょうか。

不完全であり、不確定要素に満ちあふれているのが、私たち人間の生活です。その生は、絶えず反省や修正の連続です。この世の中には完全無欠というものが実在しない以上、それは当然の仕切り直しとなります。

しかし、同じ失敗を繰り返したりするのはおもしろくないものですよね。そこで重宝するのが、ボールペンということになります。

過ちの訂正や反省、あるいは仕切り直しを鉛筆で消して更新してしまうと、その経過が見えなくなってしまいます。経過の記録が残らなければ、同じミスを起こしやすくなってしまいますよね。ですから僕はボールペンで記録しています。

「そんなこと、考えすぎですよ」と言われればそれまでのことですし、記録しているとは言いつつも同じ過ちを繰り返すこともしばしばあるのですけれどもね。

■ちょっとした抵抗としてのボールペン、あるいは定点観測

ボールペンを使って試行錯誤を続けることは、ひょっとしたら、問題集を解きながら答え合わせしたり、模範解答を書き写して「終わり」とするようなライフスタイルへの抵抗かもしれません。

何かに習熟するためには、確かに練習問題を解くようなトレーニングの繰り返しが必要不可欠です。

しかし、ちょっと手間かもしれませんが、試行錯誤を繰り返して自分で解答にたどり着く「抵抗」という契機を少し挟んでみることは、ちょっとした気分転換にもなりますから、おすすめです。

さて、ボールペンという軌跡を、作家の佐伯一麦《かずみ》さん（１９５９—）ならば「定点観測」という風に言うかもしれません。

人間は、定点観測をしていないと、つまりその前を知らないと、それがどんなふうに変わったのかということも分からないわけです。前を知らないと、破壊の後のすさまじい被害の状況を見ることしかできない。僕は、自分の知っている土地が、震災後の歳月の中でどんなふうに変わっていくのかを、これからもずっと見続けていきたいと思っています。

出典：佐伯一麦『震災と言葉』岩波ブックレット、２０１２年。

佐伯さんは、震災によって断絶された日常をどのように取り戻すのかという議論において、日常生活における「定点観測」が必要ではないかと指摘しています。

たとえば、通勤風景を定点観測してみるのはいかがでしょうか?

夏を代表する風物詩である向日葵を観察すると、その盛りは、八月ではなく七月であったりします。同じく夏の花の代表である朝顔は、一年中咲いていています。これは、僕が毎日の通勤風景を定点観測することで見出した発見です。改めて観測してみると、これまでの自分は何も見ていなかったのだと驚きます。

確かに、人間は、ルーティーンな何の変化もないような生活を繰り返しています。しかし、それが断絶した瞬間、何の変哲もない生活の「良さ」というものが、ありありと理解されてくるのだとすれば、本当は変化や喜びに満ちた生活であるにも関わらず、何の変化もない生活と転じさせてしまうのは、人間の側の問題かもしれません。そうしたことに抗う手続きを、僕は大切にしたいと考えています。

哲学の小径

郷里から広い世界を見る。動く世界を見る。いろいろの問題を考える。私のように生まれ育ってきた者にとっては、それ以外に自分に納得のいく物の見方はできないのである。足が地についていないと物の見方考え方に定まるところがない。（中略）ふるさとは私に物の見方、考え方、そして行動の仕方を教えてくれた。ふるさとがすぐれているからというのではない。人それぞれ生きてゆく道があるが、自分を育て自分の深くかかわりあっている世界を、きめこまかに見ることによって、いろいろの未解決の問題も見つけ、それを拡大して考えることもできるようになるのではないかと思う。

出典：宮本常一『民俗学の旅』講談社学術文庫、１９９３年。

哲学はアリストテレスの言う通り、ごく身近な日常生活に注目することから始まります。そこで大切になってくることは、見落としやすい対象だからこそ、その軌跡や変化を意識的に記録することではないかと考えてみました。

そして、そこで参考になるのが、民俗学という学問です。

民俗学とは、一般庶民のつくりあげてきた文化の、今日に至るまでの発展の模様を研究する学問で、日本では柳田国男（１８７５－１９６２）や宮本常一（１９０７－１９８１）など、主として在野の学者によって担われたことに特色があります。

民俗学は、風俗や習慣、民話や歌謡のほか、具体的な生活用具や家屋など、生活文化のすべてを研究対象とします。家や田んぼの畦の作りは地域や時代によって変わりますが、そうした変化を記録する民俗学の知見を借りると、私たちが見落としがちな変化に気づくことができます。

民俗学者の宮本常一は、「大島の百姓」と自称し、生涯を通じて全国をくまなく歩き、すべてを記録し続けた知の巨人です。その思想と実践の核には、「郷里から広い世界を見る。動く世界を見る。いろいろの問題を考える」視座ががっちりとあったことは非常に興味深いですね。「足が地についていないと物の見方考え方に定まるところがない」ということは、学問に関しても、私たちの暮らしに関しても、大切なポイントです。

04 日の出・日の入りの時間を記録してみる

小学校で習った事柄でも、自身の叡智へと高められ、血肉化されていない場合、ひょっとするとそれは「知らない」ことと同じかもしれません。

僕は日の出・日の入りの時間を毎日記録していますが、その記録を導きとしながら、「知ること」の本当の意義を考えてみました。

■日の出・日の入りの時間は場所によって変わってくる

僕はロードバイクを利用して通勤しています。かれこれ5年以上となりますが、気になるのはその日の天候や温度です。

通勤初年は前日に調べただけで出勤していましたが、2年目からその記録を手帳に残すようにしました。毎年、「この季節はだいたいこれぐらいなんだなぁ」というのを数値的に理解しようと考え、手帳にその日の天候と最高気温・最低気温を書き込み、現在も継続しています。

趣味が写真撮影なので、気になるのは天候や温度だけでなく、日の出と日の入りの時間です。出勤の途上、あるいは帰宅時に撮影することが多く、同じようにこちらも記録しています。そうした些細な記録、あるいはこだわりからも発見があります。

僕は、その日の情報をスマートフォンの天候アプリで調べます。示される数値は、アプリを開いた位置に基づくものです。

香川県の在住ですが、出張で東京へ戻ったときのことです。東京都と香川県では日の出と日の入りの時間が異なることに改めて「気づいた」のです。

「え！　時間がずれている」といった話です。

理科のおさらいのようですが、緯度と経度、加えて高度などが変われば日の出・日の入りの時間は当然変わってきます。

たとえば、２０１９年の夏至（6月22日）を見てみましょう。

〈地域〉	〈日の出〉	〈日の入り〉
北海道札幌市	3時55分	19時16分
東京都千代田区	4時21分	18時59分
香川県高松市	4時51分	19時17分

ちなみに、香川県内でも日の出・日の入りの時間はわずかですが異なってきます。おもむろに比べてみると、たった1分ではありますが同じ県でも異なるということに驚きました。

僕は現在、多度津町の在ですが、実家のある隣接している善通寺市と比べてみるとこんな具合です。

〈地域〉	〈日の出〉	〈日の入り〉
香川県仲多度郡多度津町	4時52分	19時19分
香川県善通寺市	4時52分	19時18分

ところ変わればという話ですから、当たり前と言えば当たり前の話です。市役所と町役場の距離は南北で10キロメートルもありません。しかし、この事実を知ったときの驚きというものは、本人でなければ味わうことのできない体験とでも言えばよいでしょうか――。ちょっと大げさに聞こえるかもしれませんが。

■「知っている」つもりは「知らない」と同じ

そしてここに注目してみたいと僕は考えています。

誰しも日の出や日の入りの時間が場所によって異なることを、過去に学習したり、聞いたりして、知ってはいると思います。

しかし、それは単なる知識としてあるだけで、自分自身の知識にはなっていないのではないかということです。要するに、生きた知識、自分自身の事柄として血肉化されていないのではないでしょうか。

日の出・日の入りの時間など、ほんの些細なことでしょう。しかし、この体験、あるいは気づきというものは、知識が自分自身の事柄へと昇華されていったということなのです。

そして、物事を単に知っている、あるいは人から聞いて「ああ、それなら知っているよ」と思っている事柄のほとんどは、本当には知らないのかもしれないと考えてみると、私たちは本当はほとんど何も知らないのかもしれません。

たとえば、職場の同僚や家族について私たちは何を知っているのでしょうか？いくつかのキーワードで適当に相手を理解し、「まあ、彼、あるいは彼女はこんな人なんだよな」という感じで接しているのがほとんどではないでしょうか。もちろん、たいていの場合、それで、問題がないものだと思います。しかし、彼あるいは彼女の全体像を掴んでいるわけではなく、上辺の情報で判断しているのも事実ですよね。

私たちの暮らしをよくする秘訣は、よき人間関係を構築することです。だとすれば、お互いに相手に対する理解を深めることは必要不可欠な手続きになるはずです。まあ、これぐらいでいいよという適当さが、物事を適切に理解することから遠ざけてしまうのではないでしょうか。知っているつもりで何も知らないということになりかねません。

自分自身で「気づく」ことの大切さを最近痛感しています。身近な日常生活の中で、世界についてあるいは人間について、本当の意味で自分自身で知る、理解する、考えるということは非常に大切な手続きなのではないでしょうか。日常生活でのちょっとした気づきや発見を大切にしていきたいものです。

哲学の小径

いかに多量にかき集めても、自分で考えぬいた知識でなければその価値は疑問で、量では断然見劣りしても、いくども考えぬいた知識であればその価値ははるかに高い。

出典：ショウペンハウエル（斎藤忍随訳）『読書について 他二篇』岩波文庫、1983年。

哲学の授業をしていると、「哲学には答えがない」ですねという反応がよくありました。確かに、義務教育で学習したような意味での「答えがない」のかもしれませんが、厳密には「答えがない」わけではありませんので、即断はちょっと待つべきと考えています。

これは学習することと、学問することの違いと言ってよいかもしれません。答え合わせが学習の特徴であり、飽くなき探究は学問の特徴ですが、たとえば、問題集とその解答集があって、ひとつひとつの問題を解いて、それから解答集を開いて正誤していくというような意味では、「哲学には答えがない」のは事実です。

しかし、物事を徹底的に観察し、自分自身の頭で納得のゆくまで考え、そしてそのことを他者との対話のなかで点検し、何かを見出していくという意味では、「哲学には答えがある」と言えるのではないでしょうか。こうしたプロセスを経て、哲学の「答え」というものは、立ち上がってきます。

学習のイメージを払拭し、学問の探究という側面に注目すれば、僕は、自分自身で答えを獲得する努力が必要不可欠であり、そうすることで、答えはその人自身の事柄へと精錬されていくのだと考えています。

これが20年以上にわたって哲学と絡み続けてきたなかでの結論です。

ここでは、知っているつもりは知らないと同じであることを浮かび上がらせてみましたが、自分自身の知識として知ることにも、哲学の答えを導くときと同じプロセスが必要になると僕は考えています。要は、対象を自分の事柄へと昇華させていかない限り、それは知っていることと同義にはならないという話です。

冒頭で紹介したのはドイツの哲学者ショーペンハウアー（1788-1860）の読書論からの一節です。本はたくさん読んだ方がよいとは思います。しかし、ショーペンハウアーは、ただ単に本を読んだだけでは、結局は「読書とは他人にものを考えてもらうこと」ですから、「一日を多読に費す勤勉な人間はしだいに自分でものを考える力を失ってゆく」という恐ろしい指摘をします。

つまり、ただ読んでもそれは身につかない、読んだことを反芻して熟慮を重ねることでその人のものとなるとショーペンハウアーは考えますが、これは、物事を知ることに関しても同じです。

05

梅雨時こそ「雨ブレーク」

梅雨が苦手という方は多いと思います。

しかし、その自然現象から逃げることはできません。だとすれば、一面的な梅雨のイメージを取り除き、そもそも多様である世界を見直す必要があるのではないかと考えてみました。

■コーヒーブレークと雨ブレーク

『朝日新聞』（２０１９年６月20日付）の「声」の欄に「コーヒーには雨がお似合い」という投書がありました。

小さなコーヒー店を営んでいる方からの投書で、お店の入り口からは、「法蓮格子をはめた古い邸宅のたたずまい」が見えるそうで、「そこにしとしとと雨が降ると、何とも言えない風情がかもしだされ」るのだそうです。

雨の日は、人通りも少なくなり、普段でも少ない客足がさらに減るそうです。

しかし、「雨もまた楽し」の心境だとか。いわく、

嫌われがちな雨ですが、一息入れるには「コーヒーブレーク」と「雨ブレーク」、どちらもゆったりといい時間です。

雨で人足が少ないからこそ、たとえば、喫茶店に入れば、貸し切り状態で、優雅な「コーヒーブレーク」と「雨ブレーク」を楽しめるのかもしれません。

■考え方を変えるのではなく、世界が多様であるということ

「雨ブレーク」なんて、物事は考え方次第と言われそうですが、僕はそう単純な情緒論では片付けることができないと考えています。

梅雨や雨に対して否定的なイメージや理解を抱くのは僕だけではないと思いますが、考え方を変えるだけで、物事の多様さを認知したり、理解するということは可能です。

しかし、考え方を変える以前に、世界そのものは多様性に満ちあふれていたことに留意すべきではないでしょうか。考え方を変える以前に、私たちがその事実を見落としていた、というのが正確なところなのです。

先日、梅雨の少雨からの帰宅途中、久しぶりの雨露に彩りを取り戻した紫陽花の前で、自転車を止めてみました。青々としたその葉に目をやると、蜘蛛の巣に水滴が集まっていました。

田舎で生活をしていますと、蜘蛛の巣というのが実は厄介です。たとえば、建物から出入りするだけで、蜘蛛の巣が顔をかすめてしまうということがよくあります。しかし、紫陽花に張られた蜘蛛の巣は、雨露を吸い、まるで芸術作品の如きで、思わぬ発見、あるいは筆者自身の「雨ブレーク」になりました。

暮らしのこと、地域のこと、あるいは世界について、「たいていのことはなんとなく理解している」と常々思っていましたが、それは浅はかな理解なのではないでしょうか。発見を英語で言えば、「discover」になります。この言葉は、「dis（取り除く）」と「cover

（覆い）」から合成されたもので、覆いを取り除くという意味が原義になります。そう考えてみると、私たちの暮らしには、覆いが張りめぐらされているのかもしれませんね。

哲学の小径

いわゆる頭のいい人は、言わば足の早い旅人のようなものである。人より先に人のまだ行かない処へ行き着くこともできる代わりに、途中の道ばたあるいはちょっとしたわき道にある肝心なものを見落とす恐れがある。

出典：寺田寅彦、小宮豊隆編『寺田寅彦随筆集（四）』岩波文庫、1963年。

科学と文学と聞けば、水と油のように相反する学問のように見えますが、実は意外と近かったりします。文豪ゲーテ（1749－1832）は実験と観察を好み、『昆虫記』のファーブル（1823－1915）は詩人としての顔を持っています。

夏目漱石（1867－1916）に学んだ物理学者寺田寅彦（1878－1935）もそうした文人科学者の一人です。日常生活の中でも絶えず実験を繰り返し、科学者のまなざしで暮らしを深く反省した随筆を多く残しています。第一級の物理学者の探求に裏打ちされた名随筆は、私たちの暮らしが退屈で単色の世界ではないことをそっと諭してくれます。

足の早い旅人は、確かに効率よく目的地へ行き着くことができるのでしょうが、見落としも多く、そのことが世界をモノクロームにしているのだとすれば、これほどもったいない話もありません。

寺田のいう通り、「人より先に」ゆくよりも、「途中の道ばた」にでも立ち止まり、観察してみることが大切です。

国語の教科書にも掲載されるほど有名な博物学者ファーブルの名著が『昆虫記』です。その「科学者のように思索し、芸術家のように観察し、詩人のように表現する偉大な学者」（奥本大三郎）の魅力を余すところなく伝えるのが、弟子ルグロのファーブル伝です。

自然界のどんなささいな問題でも、たとえ、それが、思いようによっては子どもらしい問題に見えるものでも、けっしてばかにしてはいけない。
科学は多くの場合、子どもらしいことがらから生まれるのだ。

出典：G・V・ルグロ（平野威馬雄訳）『ファーブルの生涯』ちくま文庫、1988年。

普段、私たちが見落としがちな日常生活のなかで、ファーブルはたゆまぬ努力と忍耐を持ってその様子を観察し、偉業を成し遂げました。
私たちは、子どものような好奇心を抱き、ファーブルのように愛情をもって身近な生活に接することができれば、ちょっとした気づきや発見の連続で、暮らしは彩り豊かなものになりえるのではないでしょうか。ルグロの伝記のほか、奥本大三郎さんの『完訳ファーブル昆虫記』（集英社）は、そうした導きとなる名著です。この機会に『昆虫記』をひもといてみるのもおすすめです。意外にも、私たちは昆虫の名前や特徴を知らないものです。

06

暮らしを輝かせる寄り道

毎日繰り返される日常生活を改めて点検するために必要な契機は、「寄り道」です。

「寄り道」は、繰り返される日常生活からエスケープするのではなく、日常生活をよりよくするためのきっかけになるかもしれません。

■違うルートで帰宅してみる

先日、仕事が終わった後、いつもとちょっと違うルートで帰宅してみました。

前職に比べると現職は、通勤が過酷かつ時間がかかります。ですから、なかなか違うルートで帰宅してみるということが容易ではないのですが、珍しく梅雨の晴れ間でしたので、久しぶりに寄り道を楽しんでみました。

経済効率や合理性という言葉があります。

効率のよさを追求することや無駄を排除していくことは、中小企業だけでなく、私たちの普段の暮らしのなかでも、必要不可欠な取り組みです。

合理的な節約や効率のよい倹約は決して悪いことではありません。しかしながら、生活のすべてが効率で数値化され、あらゆる事柄が合理化されてしまうと息苦しいものです。


小学生の頃の自分自身を想起してみますと、いつもとは違うルートで帰宅する「寄り道」がちょっとした楽しみでした。

もちろん、毎日寄り道を繰り返すわけにもいきません。1ヶ月に一度、あるいは数ヶ月に一度という頻度ですが、それが繰り返される毎日に刺激を与えていたと思います。

■ノーマル（規範的）ではない形態から出発する

実は、この寄り道という冒険は、「ものを考える」ことにおいても、考え方を鍛え直したり、新しい発見をする上で欠かすことができないものです。

現代日本を代表する哲学者のひとりである柄谷行人さん（1941－）の言葉を借りれば次のようになるでしょう。

ものを考えるのは、ある意味で、例外状況あるいはアブノーマルな事態から考えることです。たとえば、誰でも重い病気になると人生について考えますね。ノーマル（規範的）ではない形態から出発するというのは、ものを考える上での基本的な姿勢だと思うんです。

出典：柄谷行人『〈戦前の思考〉』講談社学術文庫、2001年。

柄谷さんは、物事を深く考えるひとつの契機として「ノーマルではない形態から出発する」ことに注目します。日常生活を「ノーマル」とすれば、「寄り道」は「例外状況あるいはアブノーマルな事態」と言ってよいでしょう。そこから考えることで、日常生活を深く反省する、あるいは捉え直すことができれば、これはしめたものです。

ただ、この手続きは哲学者にだけ必要とされるものではなく、生活者としての私たちにも必要だと僕は考えています。

「たとえば、誰でも重い病気になると人生について考えますね」。

しかし、病気になってから考えると手遅れという場合も多々あります。だとすれば、日常生活のなかで、時々「ノーマルではない形態から出発する」という、ある種の思考実験のひとときは、必要不可欠です。

■寄り道は「ノーマルな状態を軽蔑することではない」

ノーマルな生活で大切にされている、あるいは考えるまでもないとされている規範には、たとえば、「嘘をつくな」「盗むな」「人を殺すな」といったものがあります。

こうした規範は、共同生活において欠かすことのできない、そして当たり前のように受け入れられているものです。しかし、残念なことに、きちんと守られていないのが私たちの現実の生活です。そして、「嘘をつくな」と百編繰り返し説教したところで、それが百パーセント履行される保障はありません。

だからこそ、その意義を様々な角度から検討し、深く強い考え方を導き出していくために「ノーマル（規範的）ではない形態から出発する」手続きが必要になります。ただし、「例外状況あるいはアブノーマルな事態から考える」とは言っても、失念してはいけない点があります。柄谷さんの言葉を再び借りるならば、次の通りです。

しかし、それはノーマルな状態を軽蔑することではない。ただ、日常的なノーマルなものが、どんなに複雑であるか、またそれが堅固に見えてどんなに脆弱であるか、そういったことを知るために不可欠なのです。ニーチェはそれを「病者の光学」と呼んだと思います。それは、他のあらゆる事柄についてもあてはまります。

出典：柄谷行人、前掲書。

「嘘をつくな」という規範についても、それをより堅固な考え方にするためには、「嘘をついてもよい」という例外状況を思考実験することは、必要不可欠な手続きです。人はどんな時に「嘘をついてもよい」と考えるのでしょうか？

この問題は、ひとつの根拠に修練できない難問ですが、たとえば、自分自身がその責任を取れる場合や相手が喜ぶ場合は、「嘘をついてもよい」状況のように思われます。しかし、無条件で「嘘をついてもよい」と飛躍することには躊躇を覚えてしまうのは、僕だけではないでしょう。思うに、行為に対する責任を前提として場合によって許されるだけで、「嘘をつくな」という前提そのものは歴然と存在しているのが世の常ではないでしょうか。

例外状況を思考実験する意義とは、どこまで行ってもノーマルな状態をより良くするためにあります。

そういうことを考えながら、半年ぶりにお気に入りのカフェに立ち寄ってみました。いつもとは違うコースを寄り道すると、普段訪れないカフェに立ち寄ることもでき、なかなかいいものです。さあ、明日からまた頑張ろう、と思うことができます。

哲学の小径

木田先生はハイデガーの〝思想〟に魅了されてやまなかった。戦後の混乱期を文字どおり生き延びることができたのは『存在と時間』という本があったからと言ってもいい。

（中略）最後、闇屋ネタは、先生はウケると何度でもそれを繰り返す子供っぽいところも確かにあったが、闇屋をやったという ひと言で、哲学はハードルが高いと思い、関心はすごくあるが学校の勉強をサボッたために入っていけず、遠巻きにしていた私のような人間の関心を一気に惹きつけたことは間違いない。

木田先生が「闇屋」と書くたび、諦めかけていた哲学への思いを何百人単位で喚び起こしたのだ。この功績と感謝は計り知れない。

出典：保坂和志「木田元を木田元たらしめたもの　書評：『哲学散歩』（木田元著）」、『読者と作家を結ぶリボンのようなウェブメディア　本の話』文藝春秋社ウェブサイト

作家の保坂和志さん（1956－）が慈愛に満ちた言葉で語る哲学者の木田元さん（1928－2014）。『闇屋になりそこねた哲学者』（ちくま文庫）という著書があるように、木田元さんは学者としては異例の経歴の持ち主です。

山形県に生まれ、旧満州（中国東北部）で育ちましたが、1945年、日本へ戻り海軍兵学校へ入学したといいます。当然、敗戦を広島で迎えますが、その後は放浪の末、テキヤをしながら郷里の山形県へ戻ります。父親がシベリア抑留となり、一家を支え

ていくため市役所臨時雇や小学校の代用教員を勤めながら闇屋もやっていたそうです。

物資不足の敗戦直後、定められた販路によらず、場合によっては法外な価格で闇取引する個人の商人を闇屋と呼び、大勢の引き揚げ者が農村から都市へ闇米を運び込む闇屋として活躍したといいます。


日本という社会全体の崩壊に翻弄されながら逞しく生き抜く木田元を哲学へ導くのは、ハイデッガーの『存在と時間』(原著は1927年の出版)との出会いだったといいます。

東北大学へ進んだあと、長く中央大学で教壇に立ち、ハイデッガー研究では、日本の第一人者となりました。闇屋から哲学者へと転じたその軌跡は、「木田先生が『闇屋』と書くたび、諦めかけていた哲学への思いを何百人単位で喚び起こしたのだ。この功績と感謝は計り知れない」という通り、私たちを励ましてくれるものですよね。なんだか哲学することが喜びに満ちあふれた営為のようにさえ思われます。しかし、この木田元先生の軌跡を参照すると、それは寄り道の連続の人生だったのではないでしょうか。

僕は寄り道があってこそ、その人の考えや行動というものが一層の深まりを持ち得るのだと確信しています。

07

たまには「海を見る」

初めて大学の教壇に立った時、驚いたのは出席率の高さでした。僕が学生の頃とは対照的だったからです。

しかし、たまには「海を見る自由」も必要なのではないでしょうか。

■「わしの若い頃は」などとやり始める人びと

僕が初めて大学の教壇に立ったとき、学生の出席率が非常によいことに非常に驚きました。自分が学生だった頃を振り返ると、もう、皆さん優等生です。

その原因は、いったい、何なのでしょうか?

ずばり、僕の講義が素晴らしかった……こともひとつぐらいの要因にはなるかと思いますが(大汗)、大学の学生の出席管理が厳しくなってきたことに起因するものです。

視点の供給を外からあおぐだけではいけない。たえず自分の中にも、視点を変化させてみる心がけが必要であろう。とくに老化現象は、老いのくりごとになって、いっこうに自分の立場を変えようとしない頑固を伴いがちである。「わしの若い頃は」という言葉を連発するようになったら、知能の発達がとまったことを意味する。

出典：板坂元『考える技術・書く技術』講談社現代新書、1973年。

「わしの若い頃は」などと、したり顔で若者を説教する人を見出すことは何も難しいことではありません。彼らは口を揃えて次のように言います。

「いまの若い連中は勉強していない」

しかし、果たしてそうでしょうか?

僕の学生時代と教員時代を照らし合わせて点検してみれば、「いまの若い連中はよく勉強している」と言うほかありません。

■大学に行くのは、「海を見る自由」を得るためなのではないか

大学の講義への出席率の向上の第一の要因は、管理の強化であることは言うまでもありません。これを一概によいことなのか、あるいは悪いことなのかを即断することはできませんが、個人的には、学生さんの自主性に委ねるのが自由の学府としての大学なのではないのかなあと考え込んでしまいます。

さて、東日本大震災後、多くの高校や大学が卒業式を中止しましたが、卒業式の代わりにメッセージを発信した学び舎がいくつかあります。

当時、その中で、立教新座高等学校の「卒業式を中止した立教新座高校3年生諸君へ。」が注目を集めました。

大学に行く目的とはいったい何でしょうか？　次のメッセージは、その理由を的確に伝えるものです。

学ぶことでも、友人を得ることでも、楽しむためでもないとしたら、何のた

めに大学に行くのか。誤解を恐れずに、あえて、象徴的に云おう。
大学に行くとは、「海を見る自由」を得るためなのではないか。
言葉を変えるならば、「立ち止まる自由」を得るためではないかと思う。現実を直視する自由だと言い換えてもいい。

出典：渡辺憲司「卒業式を中止した立教新座高校3年生諸君へ。」

立教新座中学・高等学校校長（当時）の渡辺憲司さん（1944-）は、日本の近代文学研究者として知られる教育者です。このメッセージは、不安に満ちあふれた震災下において学問の本質を的確に指摘し、勇気と希望を与えるメッセージとして、幅広い世代に読まれ、支持されました。震災から10年近く経過しましたが、その論旨は全く色褪せるものではありません。

■大学という青春の時間は、時間を自分が管理できる煌めきの時

さて、「立ち止まる自由」あるいは「海を見る自由」とはどのようなものでしょうか？

渡辺さんは、私たちの暮らしにおいて一人ひとりの人間に「時間を制御する自由はなかった」と指摘します。

たとえば、小学校から高等学校にかけては、「遅刻・欠席は学校という名の下で管理された。又、それは保護者の下で管理されていた。諸君は管理されていた」のが事実です。そして大学を卒業して就職した後もその構図は一切、変わりません。無断欠席など、会社で許されるはずがありませんよね。

愛する人と結ばれた後もその構図は同じです。「愛する人は、愛している人の時間を管理する」からです。

それに対して、「大学という青春の時間は、時間を自分が管理できる煌めきの時」だと渡辺さんは指摘しています。これは決して大げさな話ではありません。

池袋行きの電車に乗ったとしよう。諸君の脳裏に波の音が聞こえた時、君は途中下車して海に行けるのだ。高校時代、そんなことは許されていない。働いてもそんなことは出来ない。家庭を持ってもそんなことは出来ない。

「今日ひとりで海を見てきたよ。」

出典：渡辺憲司、前掲メッセージ。

僕の最初の驚きに戻ります。教員時代の経験から言っても、いまの学生はしっかり勉強しています。ずいぶん、頑張っているように見えます。ですが、ちょっとだけエスケープしてみるような「余裕」もどこかで必要なのではないでしょうか？

授業に一度も参加せず麻雀に明け暮れたという話をよく聞きます。それはそれで言語道断ではないかと思いますが、「今日ひとりで海を見てきたよ。」という「自由」は、必要なのではないでしょうか？　社会人になってから、そのことをよく考えています。

哲学の小径

平田：そうすると問題は、「自己決定力」だと思うんですね。現実にこれだけ豊かで暮らしやすい国なのに、日本の子どもたちは「自己肯定感」が低い。なんでそうなったんだろう。多少は教育で改善できるんだろうけれど、それよりは一人ひとりが自分の人生決定していく自己決定力が大事だと思うんです。

出典：平田オリザ、藻谷浩介『経済成長なき幸福国家論　下り坂ニッポンの生き方』毎日新聞出版、2017年。

「地方の活力に学ぶ」という議論のなかで、出てきた質問が「幸せに、豊かに、暮らすためには、何が必要だと思われますか？」というものです。この問いに対して、劇作家の平田オリザさん（1962-）は、「自己決定力」が大切だと説きます。

自分自身の生活を振り返ってみるとどうでしょうか？「一人ひとりが自分の人生を決定していく」ことって、実はそう多くないのかもしれません。

なぜ、義務教育を終えて後、高等教育へ進学するのでしょうか？本当に学びたいからでしょうか？

あるいは、なぜ大学へ進学するのでしょうか？社会へ出る前に、少し遊んでいたいからでしょうか？

自分自身で徹底してその内容を吟味して何かを選択するよりも、周りの雰囲気や知人や親のすすめで選択することの方が、私たちの生活には多いかもしれません。

だとすれば、それは自分で自分の人生を主体的に生きているというよりも、自分の外に敷かれたレールを走っているような他律的な人生かもしれません。

いちいち、全てを検討して自分で選択するというのは面倒な生き方かもしれませんが、そのこと自体が自己肯定感を育むことには注視すべきだと僕は考えています。

藻谷：日本のエリートとノンエリートの区別がナンセンスだと思うのは、エリートと称しているのに自己決定を一切できない人が大量に存在することです。まあそれも当たり前で、何をしたいからというのではなく、周囲に褒められるからというだけで「いい学校」に入り、教わった通りになるべく疑問を持たずに暗記し、東京の「いい組織」に就職した人たちがエリートとされているわけですから。

出典：平田、藻谷、前掲書。

確かに褒められると嬉しくなりますよね。しかし、自分が「何をしたい」のかを考え、自分自身で「今日ひとりで海を見てきたよ。」と胸を張って言い切る自由を大切にしたいと僕は考えています。

08 本当に「毎日は同じことを繰り返している」のか

仕事や暮らしは、毎日同じことを繰り返しているように思えますが、実際の現実を仔細に点検してみると、それが錯覚に過ぎないと理解できます。

では何がそう錯覚させるのでしょうか？

それは、現実を点検することを怠っている自分自身なのではないかと考えてみました。

■終わりなき日常を生きろ

仕事をしていると、「毎日同じことを繰り返しているなあ」としみじみと感じてしまうことがよくあります。おそらく世の中の多くの方々も、日々については僕と同じように「毎日同じことを繰り返しているなあ」と感じていることと推察します。

しかし、その様相をじっくりと観察してみると、実際にはそれは錯覚だということが理解できます。

たとえば、会社や学校へ向かうには、毎日、同じ時間に出発し、同じ時間の電車に乗ることが多いと思います。自転車や自動車を利用する場合も同じで、毎日同じコースで通勤・通学するのではないかと思います。

確かに「同じことを繰り返している」のですが、その毎日の日の出、日の入りの時間は変化し、電車に乗り合わせる顔ぶれが変わることもあれば、すれ違う自動車も異なることが実際ではないでしょうか。

物理学的に観察すれば、確かに「毎日は同じことを繰り返している」わけではありません。しかし、それは一種の詭弁で、生活の皮膚感覚から判断すれば、「同じことを繰り返している」ことを否定するのは難しいのではないかと抗弁されてしまいそうですけれども、ちょっとだけお付き合い下さい。

要するに、社会学者の宮台真司さん（１９５９－）の言葉に従えば、「終わりなき日常を生きろ」ということに尽きるのかもしれません。

もしかしたら、私たちが暮らしている生活とは、心地よいものではなく、熾烈なまでの残酷さに満ちあふれた世界かもしれません。

■地図帳ひとつとっても十五年前のものと今のものとではずいぶん違っている

しかし、繰り返しになりますが、暮らしと世界は何かの繰り返しという永遠のループとして存在しているのではなく、絶えざる変化に満ちあふれたものではあることは否定せざる事実です。

かつて作家の村上春樹さんが地図帳を取り上げておもしろい指摘をしていますが、世界地図とは、刻一刻と変化している私たちを取り囲む世界情勢です。

世の中にはいろいろとむずかしいことが多いけれども、辞書・辞典・地図帳・地球儀の類を買いかえるというのも、考えてみれば相当に難しい作業である。たとえば地図帳ひとつとっても十五年前のものと今のもとではずいぶん違っている。ヴェトナムにしたって十五年前ではまだ南北にわかれている。アラブ首長国あたりでもいくつか国名が変わっているはずである。

出典：村上春樹「辞書の話（1）」、村上春樹、安西水丸『村上朝日堂』新潮文庫、昭和62年。

そして何が難しいかというと「だいたいが世界地図帳なんかそんなにしょっちゅう使うものでもないし、ヴェトナムやアラブの隅の小さな国をとくにくわしく調べるという機会は、幸か不幸かほとんどめぐってこないから」買いかえる機会というのが実に難しいということになります。

■「毎日同じことを繰り返している」と錯覚させるのは自分自身の勝手な都合

変化を気づきにくくさせて、「毎日同じことを繰り返しているなあ」という錯覚をさせているトリガーとはいったいどこにあるのでしょうか？

僕は、ひょっとすると村上春樹さんが告白している「とくにくわしく調べるという機会は、幸か不幸かほとんどめぐってこない」という「現実」にあるのではないかと推察しています。

要は、変化していることを承知しつつも、変化していることを確認しないことを理由にして「毎日同じことを繰り返しているなあ」と慰めているのがその実際という話です。

別に、地図帳を毎年更新する必要はありません。

しかし、変化していることを自分自身で確認する契機を失ってしまうと、変化しているにも関わらず、変化していないと錯覚してしまうことになるのではないでしょうか？

では、どのように確認すればよいのか、なんて聞かれることもありますが、一番手っ取り早いのは、日記をつけることです。これは僕もしていますが、専用の日記帳でなくても、スマートフォンのアプリでも大丈夫です。とにかく、毎日を記録し続けることが、変化に気づくきっかけになりますからおすすめです。

そうしてみると、たとえば、接客をしていると、毎日、同じお客さまが来店することはあります。そして、同じようなやりとりを交わします。しかし、365日のそのやりとりが同じかといえば違いますよね。そういう細部に注目すると、「毎日同じことを繰り返している」と錯覚させているのは自分自身の勝手な都合で、世界や暮らしの変化への気づきを敬遠させているのは、自分自身ということに気づくでしょう。

哲学の小径

哲学とは人間が語ることがら、また思考しながら語りあうことがらについて問うことを可能にするのだ、と私なら答えるでしょう。言葉のリズムや言葉が示す一般性にうっとりと酔ったままいるのではなく、この現実というもののなかの唯一者の唯一性、つまり他者の唯一性へとみずからを開くことなのです。言い換えるなら、要するに愛へとみずからを開くことなのです。歌うようにではなく真に話すこと、目を覚ますこと、酔いから覚めること、リフレインと手を切ること、それが哲学なのです。すでに哲学者アランは、明晰とされている私たちの文明のなかで「眠りの商人」から到来するあらゆるものについて、私たちに警告していました。すでに目覚めをしるしづけていたさまざまな明白なことがらは、しかし依然として、またつねに夢になってしまっているのですが、そのような明白なことがらのなかで、哲学は不眠として、新たな目覚めとしてあるのです。

出典：エマニュエル・レヴィナス（合田正人・谷口博史訳）「不眠の効用について（ベルトラン・レヴィヨンとの対話）」、『歴史の不測　付論：自由と命令／超越と高さ』法政大学出版局、1997年

倫理学を、生きた学問へと鍛え直したフランスの哲学者がエマニュエル・レヴィナス（1906-1995）です。レヴィナスには啓発を受けることが多く、僕が非常に尊敬している思想家の一人です。

先の引用は、「たとえば高校三年生の若者がやってきて、あなたが哲学をどのように定義するかをたずねた」場合どう答えるかとの問いに、レヴィナスは、哲学とは「目を覚ますこと、酔いから覚める」云々と定義すると言います。ここに少々注目しましょう。

私たちの日常生活では、「毎日同じことを繰り返している」と錯覚させているのは、実は私たち自身ではないかとここでは考えてみました。これを哲学の立場から補足するならば、変化に気づいていない私たち自身の状態とは、レヴィナスのいう「眠り」「酔い」「リフレイン」のなかで生きている状態と表現できるでしょう。

つまり、眠り、酔い、外からのリフレインに流されてしまっている状態であるからこそ、気づくことができていないということです。

哲学とは「目を覚ますこと、酔いから覚めること、リフレインと手を切ること」であり、その具体的な実践とは、「言葉のリズムや言葉が示す一般性にうっとりと酔ったままいるのではなく、この現実というもののなかの唯一者の唯一性、つまり他者の唯一性へとみずからを開く」ことになります。

少し補足するならば、暮らしとはこういうものだ、考えるまでもないという「言葉のリズムや言葉が示す一般性」に安住するのではなく、私たちの暮らしそのものが「現実というもののなかの唯一者の唯一性」を持つかけがえのないものなのだと自覚することから始めるほかありません。

そして、その自覚の上で、自分自身で「語ること」、そして、他者とそのことを「思考しながら語りあうこと」が必要となってきます。それによって、暮らしが哲学され、代わり映えしないと思われる暮らしが生き生きとしたものへと転じてゆくのではないでしょうか。

哲学の醍醐味とはここにあるのだと僕は確信しています。

第2章

暮らしの
中で
驚いてみる

第2章　暮らしの中で驚いてみる

あまりに近くにありすぎて見落としていたこと、これまで関心を払わなかったものについて、改めて注意を向けることは難しいことです。しかし、そうすることで人は何かを「発見する」のではないでしょうか。

「発見する」は、英語で「discover」といいます。この言葉は、何かを「cover（覆うもの）」を「dis（取り除く）」という意義を組み合わせて作られたものです。

私たちに隠されているものは、それを「覆うもの」を取り除くことで見えるようになります。隠れているものや事柄は、元々、そこにあったわけですから、見過ごしてしまったのは、見ている側のせいですよね。

昔話のひとつに「花咲か爺さん」というお話があります。心優しい老夫婦は、ある日、傷ついた子犬を飼うことになります。

あるとき、子犬は畑を掘り返し、「ここ掘れ、ワンワン」と鳴きますが、そこを掘ってみると大判小判が埋まっていて、喜んだ老夫婦はご近所におすそ分けしたといいます。自然の法則も、埋められた財宝も「元々、そこにあった」のですから、発見できるのかどうかは、私たち自身が注意を向けることができるかどうかにかかっています。

ちなみに、花咲か爺さんは「犬」が注意を向けるきっかけをくれますが、「猫」が促すお話もあるそうです。「ここ掘れ、ニャンニャン」とでも鳴くのでしょうか……。

「発見」と聞けば、誰もが見い出し得なかった科学的真理の発見とイメージしがちで、難しく思えるかもしれませんが、ちょっと立ち止まってみましょう。

ニュートン（1643－1727）は、万有引力の法則を発見したことで有名な科学者です。万有引力とは、簡単に言えば、重さをもつ物体は互いに引き合うということです。地球の重力のせいで、一定の重さを持つ私たち人間は地球に引っ張られているので地上に立っています。そして、人間が地球を引っ張る力は、地球のそれに負けています。

ニュートンは庭仕事をしている時に、リンゴの木からリンゴが落ちるのを見て、この法則を「はっと思いついたのだ」という逸話を残しています。このことは、ありふれた私たちの生活のなかに、重要なことが潜んでいることを伝えています。

生活のなかで何かを発見したとしても、ニュートンの発見のように、「すでに過去の賢者によって発見されているじゃないか。だとすれば、意味はあるのかしら?」という反論も出てきそうです。

しかし、そう早合点する必要は全くありません。それは、真理を見出した人、発見した人にとって初めてであることが大切だからです。

確かに、ニュートンは万有引力の法則を300年前に発見しましたが、大切なことは、一人ひとりが自分自身で発見していくことになります。

ニュートンのリンゴをニュートンのリンゴのままにしておくのか、それとも、自分のなかで初めてそのことに気がつくことによって自分自身のリンゴにしていくのか。それによって意義は大きく異なってくるはずです。

世界のあらゆる事柄は、別の誰かがすでに発見しているものかもしれません。

しかし、自分自身にとって初めてであるという瞬間を大切にすることで、世界に対するモノの見方や考え方は大きく変わるはずだと僕は考えます。

第２章

暮らしの中で驚いてみる

01

田植えっていつ始まるの？

暮らしを安定させる大切な要素が日々のルーティーンワークですが、時としてそれは、生活から面白味を奪うものになります。

この矛盾を解決するために必要なことは「立ち止まる」こと、そして「考えてみる」ことではないかと、田圃の前で実際に立ち止まり、考えてみました。

■暮らしの安定とその面白味のなさ

日常生活は、同じことの繰り返しがどうしても多くなります。つつがなく同じことが繰り返されることによって、日常生活はうまく回っています。それは、私たちの暮らしが安定している状態と言ってもよいでしょう。

しかし、それは同時に「ルーティーンワーク」とも称されるように、機械のように夕スクが次々とこなされている状態と見ることもできます。暮らしが安定しているということは、同時に、繰り返される反復運動のように何の面白味もないことを物語っているのかもしれません。

だからこそ、安定のなかで、彩りを見い出す意識的な取り組みが必要になってくるのではないでしょうか。

そこにはいろいろなアプローチを考えることができると思いますが、僕は「立ち止まる」ことを大切にしています。

■ 立ち止まって考えてみる

オートマチックに物事が処理されていたとしても、時々メンテナンスというものは必要です。これは機械に対してだけでなく、私たちの暮らしにも当てはまります。

僕は、そうした契機のひとつとして「立ち止まる」ように心がけています。

たとえば、やり方を変えてみることでよりスムーズに行われることを発見したり、見過ごしていた重要なポイントや喜びを見い出したりすることができるからです。

そしてもうひとつ付け加えるならば、立ち止まって「考えてみる」ことをおすすめしています。日頃、当たり前のように捉えている事柄に対して、改めて立ち止まり、考えてみることこそ、暮らしを豊かにしていく契機になり得るからです。暮らしに注意を注がずして、それが彩り豊かなものになるはずがありませんからね。

■田植えされた田圃の前で立ち止まり考えてみたこと

僕は、物理的によく立ち止まっています。

趣味は写真撮影で、移動のほとんどはロードバイクという生活です。写真を撮るためには、必然的に立ち止まらなければなりません。ですから仕事へ行くときも、あるいは自宅へと戻るときにも、少しだけ時間に余裕を持って、往復するよう心がけています。

さて、初夏の田舎の風物詩といえば、やはり「田植え」ですよね。日本の田園風景にノスタルジアを感じたわけではありませんが、この季節になりますと、やはり撮影回数が多くなります。田圃を前にして、立ち止まり、撮影し、そしてあらためて考えてみると、意外な発見がありました。

田植えの時期といえば、いったいいつ頃でしょうか？農家でもなければ正確に把握している人は少ないと思いますが、撮影のために立ち止まるなかで、田植えの期間は数ヶ月に渡るということを発見しました。僕は讃岐で生活しておりますが、早いところですと、田植えは四月の半ばから始まり、遅いところですと、七月の中旬になってからようやくという田圃も見られます。当然、成長のスピードが異なりますので、地域によって刈り取りの時期も数ヶ月単位で異なります。

いまさら「田植え」を考察してもと思われるかもしれませんが、あらためて、立ち止まり、撮影して、そのことを考えてみるとおもしろいものです。以前ですと、田植えなんて一瞬で終わってしまうものと、中途半端に理解していました。しかし、あらためて、立ち止まり考えてみると、些細なことかもしれませんが、発見や新しい理解が立ち上がってくることに驚いています。

これは私たちの暮らしでも同じかもしれません。

あらためて、立ち止まり、考えてみる契機を普段の暮らしのなかに組み込むことを僕はおすすめします。そのひとつの方法として、写真の撮影も楽しいものですよ。

哲学の小径

「近頃、街中軍艦マーチが氾濫していますねえ。今朝も上智（大学）に行こうと家をでると、途中の家々のラジオでしょうか海軍マーチがなりひびいている。ところが、いつのまにか歩いているこちらの歩調テンポが軍艦マーチにあってきてしまう。半足はずしてもすぐあってくる。立ちどまるほかない。立ちどまって『スンマ・テオロジカ』（神学大全）を包みからだしてひらいて数行読むと心がおちつく。それで歩き出すと海軍マーチが聞こえてくる。私の歩調がそれにあってスタスタとどこかに向かって早足で突進してゆくような感じになる。逆むきに歩いてみても同じことで、いつのまにか自分の歩調が行進曲とかさなりあってしまう。どうもこうなると立ちどまって耳をふさいで、行進曲が終わるまで『スンマ・テオロジカ』を読みつづけるほかない環境ですね」

出典：垣花秀武「解説——詩人哲学者、吉満義彦とその時代」、吉満義彦帰天50周年記念出版の会編『永遠の詩人哲学者　吉満義彦』ドン・ボスコ社、１９９７年。

第二次世界大戦の「当時としては驚天動地ともいえる言辞を突然ごく自然にいいだした」のは戦前日本を代表するカトリック神学者、詩人哲学者の吉満義彦さん（1904-1945）。その言葉をお弟子さんが綴ったもので、「立ち止まる」ことの重要性を気づかせてくれる一節です。

戦前戦中の軍艦マーチでなくても、有名な歌が街中で流れれば、「いつのまにか歩いているこちらの歩調テンポがあってきてしまう」というのは、考えてみれば恐ろしいものです。つまり、自分の意志とは関係なく、自分の外なるものに合わされてしまうというのは、自然のうちに自分自身が支配されてしまうことを物語っているからです。だからこそあえて立ち止まり、歩調を整えるというのは、私たちの暮らしのなかでも必要不可欠な契機ではないかと僕は考えます。「立ちどまって耳をふさいで」です。

第1章の最後の「本当に『毎日は同じことを繰り返している』のか」では、レヴィナスの言葉を紹介しました。「歌うようにではなく真に話すこと、目を覚ますこと、酔いから覚めること、リフレインと手を切ること」が哲学であるとレヴィナスは言いますが、知らないうちに自分自身が自分自身から離れてしまうような事態から「立ち止まって耳をふさいで」自分自身を取り戻すことというのがその具体的なあり方として考えられるように僕には思えます。
ちょっとしたことに対する違和感を持つこと、あるいは違和感を奮い起こさせていくこと、その手続きとしての「立ち止まり」を意識的に実践することが僕は大切ではないかと考えています。現実世界の騒音というものは、「歩調がそれにあってスタスタとどこかに向かって早足で突進してゆくような感じになる。逆むきに歩いてみても同じことで、いつのまにか自分の歩調が行進曲とかさなりあってしまう」ものですから、立ち止まって、立ち位置を確認することは大切です。

私たちの多くは、たえず前に進むことを強いられている。そして哲学は、私たちを立ち止まらせようとする。

出典：野矢茂樹「はじめに」、野矢茂樹編『子どもの難問』中央公論新社、2013年。

論理学者野矢茂樹さん（1954－）は、私たちは「野菜を作ったり、書類を書いたり」しますが「なぜ人は働くのか」とは問わないと言います。また「どうすれば売れ行きを伸ばすことができるかは考えても、働くとはどういうことか、と考え込んだりしないだろう」とも言います。

前者は私たちの日常生活の立場であり、後者は哲学の立場とでも言えばよいでしょうか。日常生活では、私たちは「たえず前に進むことを強いられ」、仕事に精励させられます。これに対して哲学は「私たちを立ち止まらせよう」とするというのです。

私たちの日常生活を振り返ってみても、たとえば、「売れ行きを伸ばす」ことを教える情報は満ちあふれていますが、「なぜ人は働くのか」を諭してくれる情報に出会うことは稀で、哲学ぐらいかもしれません。日常生活は、立ち止まって考えるなと私たちを促しますが、哲学は、私たちが日常生活に没頭してしまうことを危惧し、立ち止まらせようと試みます。

確かに立ち止まってあらためて考えてみなくても私たちの日常生活は成立します。しかし哲学はあえて、立ち止まらせることで、私たちに反省を迫ります。

別に「なぜ人は働くのか」なんて考えずに仕事をすることも可能ですが、少しでも立ち止まってあらためて反省してみると、同じことをするにしても別の選択肢が出てくるものです。

02 蛇口の開閉方向を知っていますか？

水道の蛇口はどちらに回せば開くかご存じですか？

そんなこと考えたこともないよという方が多いのではないでしょうか。

今回は２人の哲学者、三木清（１８９７−１９４５）とパスカル（１６２３−１６６２）を導きの糸として、考えるまでもないことを対象とする意義を確認してみました。

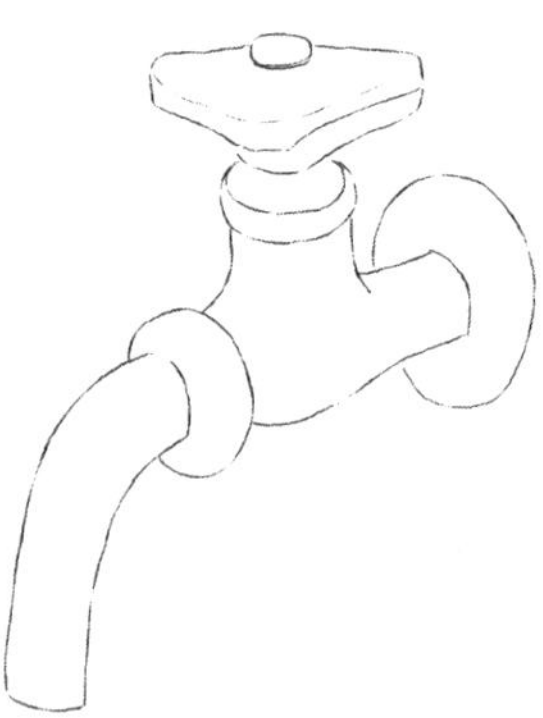

■偉大であり、かつ悲惨である人間という生き物

『人生論ノート』など数々の名著で知られる哲学者三木清の処女作が、１９２６年に出版された『パスカルにおける人間の研究』（岩波文庫、１９８０年）です。

日本におけるパスカル論の嚆矢といってよい一冊で、数十年ぶりに再読してみると、非常に正確にパスカルを理解していることに驚きを隠せません。

主として『パンセ』を材料にしながら、人間とは偉大であると同時に悲惨であること、そして常に現実の具体的なるものから探究を始めよというパスカルの本質をえぐり出した一冊で、今なお色あせるものではありません。

日常生活において、不安や悲惨さを直視することはとても容易ではありません。しかし、人間という生き物が死すべき存在であること、そしてそれを自覚することが可能な生き物であるとすれば、そうした契機を日常生活のなかに落とし込んでいくことは重要であるかもしれません。

パスカルも彼の時代の他の人たちと同じく人間を研究することの急務を説くのであるが、しかし自己を反省するのは自己に陶酔し自己を讃美するためでなくして、かえって自己の在るがままの悲惨と欠如とを知って自己を唾棄し、自己を憎悪するためである。『パンセ』の最初の目的は、人間を困惑に駆り、不安に陥れることであった。

出典：三木清『パスカルにおける人間の研究』岩波文庫、1980年。

できあがった仕組みや考え方に安易に依存したままでは、物事の本質や自己の本当の姿など見い出すことはできません。

しかし、それと直面したとき、人間は困惑に駆り立てられ、不安に陥るわけですが、これは人間が生きていく上で必要不可欠な手続きであると僕は考えます。

■蛇口はどちら回りに回すと開くのか？

現在、僕は地域再生のお手伝いをしています。

「まずはすべての仕事を覚えてください」、ということで、僕にとっては「初めての」仕事が多く、当惑する毎日です。

そのなかでもやっかいなのが施設の維持管理の業務で――と言いましても3ヶ月も実習すればかなりのことは理解しましたが――パソコンとかスマートフォンなどではないリアルな機械操作の作業です。要はレバーやハンドル操作、栓の開閉といったものですが、素人からすればこれら一連の作業はかなり難渋を極めるものです。

中でも、一番躓いたのが栓や蛇口の開閉作業です。いったいどちらを回せば閉まるのか、あるいは開くのかなんて、考えたことはありませんでした。おそらく、一般の方々も同じではないでしょうか。

たとえば、水道の蛇口というものはデフォルトで閉まっているとすれば、とにかく逆に回してやればよいという寸法ですよね。これまでは自分自身も考えることなく適当に蛇口を閉めたり開けたりしていました。

しかし、ひとつの作業ミスが致命傷となるような機械操作に、そういう曖昧な態度で望むわけにはいきません。当初はとにかく、デフォルトの状態の逆で回す、というやり方でやっていたのですが、「ええと、閉めたっけ？　開けたっけ？」となりますと、とにかく自信がありません。

ある日、上司に聞いてみると、「大きな栓には矢印でオープンのO、ストップのSがあるよ」と指摘があり、加えて、「基本的には時計回りが『閉める』操作というのがほとんど」だという指摘がありました。

確かにそうなんですよね。40年以上生きてきましたが、この原理、あるいは現実を直視するのは初めての経験でした。腕時計のリューズ（ねじ込み式）の開閉も同じで、時計回りに右に回すと閉まります。

■自分自身が悲惨であることを理解できるから人間は偉大である

人間は自覚するとき彼の自然を彼の悲惨として理解する。けれどこの自覚的意識そのものはまさに人間の「偉大」(grandeur) である。人間はかよわき蘆に過ぎない、しかし彼は「考える蘆」である。

出典：三木清、前掲書。

蛇口の開け閉めの方向すら理解していなかったというのはある意味で衝撃でした。そして、その衝撃を自覚し、新しい事柄を理解できたことは衝撃である以上に、幸いであったと僕は考えています。

職業病的なものですが、僕は現実の動態よりも、概念や理念、あるいは理論などを重視する立場です。理論が先か現実が先かという問い自体が無意味であるとしても、現実をクリティークする（評価・検討する）という意義でという意味です。叡智はぐだぐだの現実を開拓していくための水先案内という理解とでも言えばよいでしょうか。

加えて、暮らしと学問を架橋することが大切であると考え日々行動していますが、蛇口の一件は、暮らしに関しても学問に関してもまるっきり理解が曖昧であったことを自分自身に知らしめることになりました。

パスカルの考え方の最も著しい特色はそれの具体性にある。すでに自然の研究においても常に事実の重んずべきを主張している。理論と事実が衝突するとき、事実の前に屈すべきは理論である。経験は物理学の唯一の原理であって、経験のみが自然に関する知識を殖すことが出来る。それは相争う理論を審判し、真理を決定する。

出典：三木清、前掲書。

暮らしに関してもそうですし、学問に関してもそうですが、パスカルに従えば、現実の具体性から出発する他ありません。今回の右往左往は僕としてはよい「勉強」になったと考えています。

もうひとつ加えるならば、現実と理想の対立、あるいは具体的に言及すれば、たとえば、現場と本社（の設計）の対立など、私たちの生活のなかには、具体的な現実とそこから抽出された考え方の対立というものが日常茶飯事に存在します。そして「理想ばかり語るな」とか「現場を知らない」といったフレーズがさかんに言われますが、こちらに関しても同じではないですかね。

現場にいながら現場を見ていなかったり、理想や制度設計に重点を置いていながら、そこで見落としていることが実際は多々あるのではないでしょうか？

蛇口の開閉方向なんて些細なことも知らなかったという驚愕すべき事件は、このことを雄弁に語っています。

哲学の小径

思い上がりは人間の生まれつきの病気である。あらゆる被造物の中で、もっとも傷つきやすくもろいのは人間である。同時にもっとも傲慢なのも人間である。

出典：モンテーニュ（原二郎訳）『エセー　三』岩波文庫、1966年。

私たち人間は動物と異なり、物事を認識し、それが何であるのか理解する理性の力をうまく使うことで、人間らしい世界を拡大してきました。その成果を文化や文明と呼ぶことができます。

しかし、この人間の力は完璧なものではありません。常に過ちやすく時に無力であり、誤謬に陥ることもしばしばです。確かに理性は人間の人間らしさのひとつであり、人間の有益な武器であることは事実ですが、決して万能ではないことを自覚する必要があるのではないかと僕は考えています。だからこそ、常に叡智に学び、同時に現実の事物から学んでいく姿勢が大切になってくるのです。常に自分自身を更新していくとでも言えばよいでしょうか。

蛇口の開閉方向がどちらになっているのかを把握しているかどうかなんて「どうでもいい」と言われてしまえばそれまでですが、不明瞭を放置して居直りを決め込んでしまうことは、ひとつの「思い上がり」で「傲慢」な態度かもしれません。

理性や認識、判断することのできる力を全知全能と過信し、他の動物よりも偉いと錯覚する、こうした人間の姿を痛烈に批判したのは、一六世紀フランスを代表する思想家モンテーニュ（1533―1592）です。

モンテーニュは哲学史においては、モラリストと呼ばれる立場の代表的人物です。モラリストとは、日常生活のなかで、人間に対する具体的な洞察を通して、あるべき生き方を探求した一群の人々のことです。

モンテーニュは次のようにも言います。

私が猫と戯れているとき、ひょっとすると猫のほうが、私を相手に遊んでいるのではないだろうか。（中略）動物とわれわれの理解を妨げている欠陥は、彼らの側にあるが、同時にわれわれの側にもないとはいえまい。彼らがわれわれを理解しないように、われわれも彼らを理解しないではないか。同じ理由から、われわれが彼らを畜生と考えるように、彼らもわれわれをそう考えるかも知れない。

出典：モンテーニュ、前掲書。

このモンテーニュの指摘を省みると、私たちが常にそういうものだと思い込み、あらためて検討することのない日常生活というものは、そう思い込む人間の「傲慢」さによって成立しているのかもしれません。そして、そのことで「もっとも傷つきやすくもろい」人間の性質を隠そうとさえしているのかもしれません。

そんな人間の姿は、猫が人間を「畜生と考えるように」、ちょっと格好悪いような気がしますけれどもね。

たかが蛇口、されど蛇口とはこのことです。

03 「とにかく分からなくてもいいや」でいいのか知らん？

仕組みや根拠を理解していなくても、物事は進みます。しかし、そこに安住してしまうと、ひょっとすると足元をすくわれるのかもしれません。居直りという、その落とし穴を考えてみました。

■「これはこういうものだから」

たとえば、パソコンやスマートフォンがどういう仕組みで動いているのか、あるいは、どのような構造なのかは、なんとなく理解できますよね。

しかし、電波や映像の無線受信や、人工衛星間の通信といった話になると、理解できないことが多いものです。

何を理解しているのか・していないのかは、もちろんその人によって異なりますが、私たちの暮らしや生活というものは、そういう理解と無理解の間に成立しています。具体的に言えば、テレビの構造や仕組みを理解していなくても、何をどうすればテレビを見ることができるとか、チャンネルを変更することができるのかということは経験を通して分かるということです。

もちろん、地球上すべての事柄に精通して、関わるもののあらゆることを理解している人間なんて存在しませんし、それは不可能というものです。

たとえばみんなが日常的に使っているあの二、三千円出せば買えるポケット計算機にしたって、どうしてあんな小さなもので√13×√272の計算ができるのか、きちんと説明できる人はそれほどいないだろう。世の中一般の人々はおそらく僕と同じように「これはこういうものだから」と思ってあれを使っているに違いないと僕は推察する。

出典：村上春樹「オーディオ・スパゲッティー」、村上春樹・安西水丸『村上朝日堂の逆襲』新潮文庫、平成元年。

■「分からなくていいから形と手順だけまずは覚えてみて」の先に進むこと

現在の仕事に転職してから、まったく初めての作業ばかりで、「これはこういうものだから」という程度「以前」の状態で、とまどうばかりです。

仕事を覚えるにあたり、まずは「分からなくていいから形と手順だけまずは覚えてみて」と上司から言われて、最初の段階はクリアし、手順はなんとか覚えることができたような状態です。そして、現在は、それがどういう意味を持つのかということ、つまり第一にそのスイッチを押すことで何がどうなっていくのか、あるいは全体との関連でどういった影響を及ぼすのか、といったようなことを教えてもらいつつ、マニュアルを参照しなくても作業できるように心がけています。

ここまでに3ヶ月かかりましたが、ただ手順をそのまま覚えて作業するのではなく、そのひとつひとつの手順の意味を理解することで、それ以前に比べてみると、格段に作業の効率があがり、仕事に対する責任感も強まったように思います。読者の皆さんにもこうした経験はあるのではないかと思います。

「分からなくていいから形と手順だけまずは覚えてみて」仕事を始めてみましたが、いつまでたってもそのままでは決してよくなく、その先に進むことで人間という生き物は、世界や人間に対する理解がガラリと変わってくるのかもしれません。もちろん、これは個人的な経験なのかもしれませんが。

その原理や理屈、あるいは意味が分からなくても仕事は遂行され、暮らしは成立します。村上春樹さんが指摘する通り、計算機がどういう仕組みで成り立っているのか理解していなくても、計算機の使い方が分かっていれば計算することは可能です。

しかし、僕の職場での経験は、たとえばその日の売上データを抽出し、後処理することを手順として機械的にこなすことと、ひとつひとつの作業がどんな意味を持っているのかを把握して行うことは全く異なることを示しています。正確な支払い動向は掴むためには、データを現金、クレジット、キャッシュレス決済に分けなければ、それを役立てることもできません。

全てを理解しなくても、少しだけでも理解することで、生活の態度や暮らし向きといった物事がより善き方向へと変化していくのではないでしょうか。

■殿様の言わはったことやから間違いあらへん

分からないまま使っている計算機の仕組みを全て理解しなくても、このボタン操作を行うと何がどう変化するのかということを理解しなくても何も問題はありません。しかし、少しだけでも関心を寄せてみることは、人間の暮らしについて必要不可欠なのではあるまいか、そんなことを最近、考えさせられています。

そうしてみると、我々はテクノロジーに関していわば絶対君主的な体制下に置かれているということになるかもしれない。ある日突然〈お触れ〉の如く新発明なり新発見なりが空から舞い下りてきて、みんなは「これはどういうことだっぺ?」とか「よくわかんねえずら」とかわいわいいうのだけれども、それでもとにかく「殿様の言わはったことやから間違いあらへん」ということで、それに馴れてしまうのである。

出典：村上春樹、前掲書。

理解しないまま利用するということは、「馴れてしまう」という状態と同じかもしれません。「馴れている」からこそ「つつがなく」暮らしは遂行されますから、一見すると便利に見えます。しかし、理解しないまま利用するというのは恐ろしいことでもあります。それは、知らないまま利用しているということは「絶対君主的な体制下に置かれている」状態と同じ環境にいることを意味しているからです。大げさかもしれませんが、機械の奴隷ということですよね。

村上さんの指摘に従えば、それは「少なくともテクノロジーに関してはデモクラシーというものは完全に終結してしまっているよう」な状態であるということをも意味しています。

ことは「テクノロジーに関して」のみ当てはまる問題ではありません。とにかく分からなくても動いていれば問題ないや、と考えることの落とし穴がここにあるのではないでしょうか。ある程度は、仕組みや根拠を理解して生きていった方が、より人間らしく生きられると思うんですよねえ。

合衆国とソ連とを数回旅行し比較してみた結果、私はアメリカ人が豊かになった中国人やソビエト人のような印象を得たのだが、それはソビエト人や中国人がまだ貧乏な、だが急速に豊かになりつつあるアメリカ人でしかないからである。アメリカ的生活様式はポスト歴史の時代に固有の生活様式であり、（略）人間が動物性に戻ることはもはや来たるべき将来の可能性ではなく、すでに現前する確実性として現れたのだった。

出典：アレクサンドル・コジェーヴ（上妻精・今野雅方訳）『ヘーゲル読解入門　『精神現象学』を読む』国文社、1987年。

村上春樹さんは、テクノロジーのブラックボックス化を少々懸念していましたが、私たちの日常生活を振り返ってみると、あながち無用の心配ではないかもしれません。

朝起きるとアレクサに声をかけて電気製品を起動させ、Googleカレンダーでその日の予定を確認し、スマートフォンのマップの示す通りに移動のプランを考えたり。職場や家でAIを駆使した様々なサービスを使っている様子を振り返ると、私たち人間はどれだけ自分の自由意志で行動しているのか、疑問が湧いてきます。

「我思う、故に我あり」とはデカルトの有名な言葉です。デカルトは、人間の意識や主観、あるいは主体性に人間の人間らしさを見出しましたが、人間の機械化という現状を見るにつけ、人間らしさとはいったい何なのかと悩んでしまいます。

こうした人間らしさの喪失した状態を「人間の動物化」と指摘したのが、ロシア生まれのフランスの思想家アレクサンドル・コジェーヴ（1902－1968）です。現在とは異なりますが、半世紀以上前、消費に人間が踊らされてしまうアメリカ型消費主義の生活様式をコジェーヴは「動物化」と批判しました。ただ単にモノや記号を消費するだけの人間は、コジェーヴには知恵を喪失した動物に過ぎないと映ったのです。

僕自身は、コジェーヴのように「お前たちは馬鹿か」などと言うことはできませんが、消費に煽られて必要もないものを次々と購入したり、AIの指示を忠実に遂行するだけの生活というものには、少し危惧を覚えます。現代における人間の、「人間らしさ」とはいったい何なのかともう一度問いたいと考えています。

04 誤答のなかにこそ豊かな発想の可能性がある

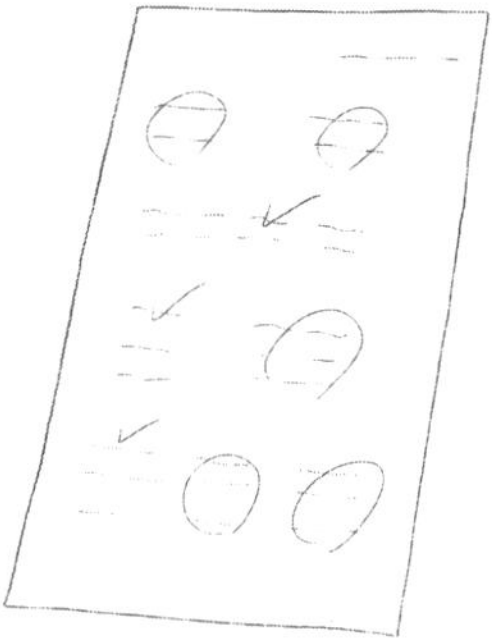

「平成31年度全国学力・学習状況調査」の中学英語で誤答が多かった設問があります。問い手と解き手のちょっとしたズレと、解き手の発想力が誤答を召喚したといってよいのですが、そこから見えてくる「読解力」の問題について考えてみました。

■「誤答」にこそ発想力の芽感じて

平成31年4月18日に実施された「平成31年度全国学力・学習状況調査」の調査問題（中学英語）について、『朝日新聞』の声の欄に「『誤答』にこそ発想力の芽感じて」という投書が中学校の教員から寄せられていました。

誤答が多かったのは次の問題です。

[9] 次の①、②について、( )内に入れるのに最も適切な語を、それぞれ1から3までの中から1つ選びなさい。

② I saw a friend of mine at the station, (　　　) I had no time to talk to him.

1 if　2 or　3 but　4 because

出典：国立教育政策研究所　平成31年度全国学力・学習状況調査の調査問題

「中学3年生への主題で、『駅で友人に会った』『彼に話しかける時間がなかった』の2つの英文の接続詞を選ぶ問題です。

正答は、「3　but」ですが、「4　because」を選んだ生徒が35％いたそうで、これが教育（方法）上の大きな問題として指摘されています。

■誤答を導く中学生の想像力の豊かな可能性

なぜ、35％もの生徒は「but（しかし）」ではなく「because（なぜなら）」を選んだのでしょうか？　もう一度、問題文を取り上げます。

I saw a friend of mine at the station, (　　　) I had no time to talk to him.

中学生の想像力なら「友人」と「彼」が別人と考え、語順は違いますが、「駅で友人に会ったので、(別の)彼に話せなかった」と考えることもあります。「時間がとれないから(短時間で)駅で友人に会ったと理解する生徒もいます。

出題者は自分の意図に合わない答えは不正解としたいのでしょうが、私はむしろ、誤答の中にこそ豊かな発想の可能性を感じてほしいと思っています。

出典：「声　『誤答』にこそ発想力の芽感じて」、『朝日新聞』２０１９年9月2日(月)付。

出題者は、私が会った「 a friend 」と話すことのできなかった「 him 」は同一人物という設定をしています。

しかし、想像力を張り巡らせれば、あるいは、多様な読解力を駆使すれば、別の人間と考えることは不可能ではありません。そう捉えるならば、誤答した生徒は、「なぜ、間違いなのか」すら理解できません。だとすれば、主題者の意図あるいは設定と、人間の想像力の乖離こそ、教育（方法）上の大きな問題かもしれません。

たとえば、「今日、その非礼を彼に侘びた（I'm sorry I didn't have chance to talk to him today.）」というようなもう一文を追加しておけば、同一人物という設定は、出題者と解き手で共有できていたとも思います。

英語に限らず、あらゆる学習は、物事を理解する、あるいは読み解くことから始まります。そして教育者と被教育者の双方で認識を共有していくことが必要です。

その意味では、英語の問題を問いたり、様々なスキルを身につける前にしておくべきことがあるかもしれません。

■物事を読む、理解すること

英語や数学、国語など、確かにそれぞれの専門的知識を身につけていくことは、科目として必要不可欠ですが、それ以前に必要なこととはいったい、何でしょうか。

前述の投書で、中学校教員は次のように指摘しています。

確かに今日の英語教育の「話す力」「書く力」には課題があるかもしれません。ただ、それを身につけるには文法や基礎の前に「何を伝えたいか」「何を伝えるべきか」を感じさせる授業が必要だと思います。

出典：「声」、前掲書。

「何を伝えたいか」「何を伝えるべきか」は、物事を読み、そしてその事柄を理解、あるいは咀嚼して発信する能力といってよいでしょう。ここで必要なことは、教師と生徒の共同作業ではないかと僕は考えています。具体的には、教師の側は一方的にレッテル貼りをしないようにすること、そして、生徒の側は受け身の姿勢で授業に望まないことが大切になります。お互いに認識を共有し、発想を開花させていくことで、「文章を読み、考え、伝える力」が養われるのではないでしょうか。

しかし、一人でできないこともあります。

それが「文章を読み、考え、伝える力」です。文章という主語をあらゆる事柄に置き換えても同じですが、徹底的に自己に深く潜り込む営為と、そしてそれを他者とすり合わせていく営為の共同作業が実は、「学び」という営みに求められているのではないでしょうか。僕は、それが「学習」とは異なる「学問」という営みではないかと考えています。そして、それは、高度な教育機関でのみ実践されるものではなく、初等教育においても必須の事柄ではないかと考えています。

哲学の小径

学が特に知識に関する場合でも、すでにできあがった知識を単に受け取って覚え込むのは学ぶことではない。学ぶのは考え方を習得して自ら考え得るに至ることである。だからこの際ノエーマ的契機を抜き去ってノエーシス的契機にのみ即するならば、学とは人と人との間の局面的面受の関係であるとも言い得られる。同様にまた「問う」とは訪（とぶら）いたずねることである。人を訪ねる、人を訪（と）う、ということき好意的連関において、その人に安否を問うということことが行われる。安否を問うのはその人の存在の有りさまを問うのであり、したがってその人を問うことにほかならぬ、このような間柄の表現が問いの根源的意味である。

出典：和辻哲郎『倫理学（一）』岩波文庫、2007年。

日本の伝統と西洋哲学の統合を目指した独創的な哲学者として知られるのが和辻哲郎（1889－1960）です。哲学という学問は（本当はそんなことはないのですが、そしてそのことを僕は本書で証明しようと試みているわけですけれども）、一見すると私たちの暮らしと隔絶したとっつきにくいイメージがあります。和辻哲郎は、こうした性格を払拭すべく「人間の学」として倫理学を構想しました。

さて、和辻に従えば、学問とは、人間関係のなかで遂行される「人間の行動であって孤立人の観照ではない」「探求的な間柄」ということになります。

学問は常に人間関係のなかで遂行される共同の行為という特色を持つのに対し、学習は「孤立人の観照」としての反復運動という性格を持つものですから、非常に対照的な人間の行為ということになるでしょう。

「文章を読み、考え、伝える力」についても、和辻は、「書物を読み文章を書くということはすでに他人と相語っていること」だと指摘します。私たちの意識は、書物や文章、あるいは他人の言葉を通して、すでに「他者と連関」しているからです。私たちは、たとえ自室で一人で書物を読んでいたとしても、言葉を介して、常に「他者と連関」しています。その意味では、学習と異なる学問とは、常に「人と人との間の局面的面受の関係」にならざるを得ません。

学問と聞けば、どこか人間らしさや暮らしとはほど遠い無機的なイメージがあるかもしれません。しかし、それは上辺だけのイメージに過ぎず、人と人との共同によって行われるのですから、実は非常に人間的な行為ということになります。

僕自身、現在も継続している共同作業があります。それは読書会です。課題図書を読むのはそれぞれ一人ひとりの行為となりますが、読んだうえで集まり、それぞれが(1)文章を読み、(2)考えたことを、(3)伝え合う、という共同作業は楽しいものです。自分が見落としていたことを教えられたりしますので、おすすめです。

05 子猫に噛まれてみる

物事を決断するにあたっては、それでよいのかどうかと悩みますが、物事を決断したあとでもそれでよかったのかと悩むこともありますよね。

悩んだ末に、決断したら「ハイ、終わり」ではなく、それでよかったのかと悩み考えることの必要性について考えてみました。

■スパッと割り切れない暮らし

仕事をしていると、そのワークに対してやりがい云々といった七面倒臭いことを考えるよりも、それはそれとして割り切ってこなして、あとはアフターファイブという具合で人生を楽しもうというぐらいが、肩の力を抜いて生きていくうえではベターかもしれません。

しかし、そのことを理解しつつも、どこかで「やりがい」とか「人間の生き方」と収斂させていった方が「よりよい」生き方なのかもしれないとも考えてしまいます。どちらがよいのかなんて簡単に即決できるものではないのですけれどもね。雇用形態やその人の環境によってまさに「人それぞれ」です。

しかし、どこかで、割り切れない自分自身が存在しているのも事実です。どういう「選択」をなすべきなのか？　だれでも考えますよね。

そして現実には、物事を進めるにあたっては何らかの決断……といえば大げさすぎるかもしれませんが……を下し続けていかなければならないのが、私たちの日々の暮らしです。

それは、どのマヨネーズを買うのかというものから、どの政党へ投票するのかへと至るまで種々雑多に存在します。日々の暮らしのなかでは、何気なく選択しているようですが、それでも、その選択に至るまで、私たちは、苦悩、熟慮、逡巡というプロセスを経て、日々何らかの「決断」をしているのではないかと僕は考えています。

■子猫に本気で噛まれてみる

さて、以前、機械室で仕事をしていると、生まれて1ヶ月も経ていないような子猫が紛れ込んできました。可愛いらしいと思いつつ、しかし、無垢な子猫が機械に巻き込まれてしまうのも面倒であったり、そして命が失われてしまうことを危惧したりしました。どちらの感情を優先させるというわけでもありませんが、それでもまずなすべきことは、野良の子猫を機械室から出すことです。

10分近くの鬼ごっこの末に捕まえることに成功し、全長20センチ程度のその小さな命を背中から抱きかかえつつ、機械室から屋外へと搬出しました。

しかし、運が悪いと言いますか、機転が利かないとでも言えばよいのでしょうか……。冷静になって後から考えれば、首根っこを押さえればよかったのですが、背中を掴んでしまっていたため、本気で噛まれてしまいました。子猫とはいえ本気で噛まれてしまいますと、真剣に痛いものです。

■決断を下したあとでもくよくよしたりぐずぐずしたりすること

猫と対峙して、可愛いなあと思いつつも、仕事のため一刻も早くここから出してやらなければならないという感情を抱きましたが、同時に複雑な感情がいくつか湧いてきました。

思うに、その猫は場所柄、どなたかがこのあたりに捨てた猫の子どもか孫かそのまた子孫かと思われる存在で、人間の身勝手な無責任さを感じたことです。

もうひとつは、可愛らしいその姿を見るにつけ、野良の可哀想な猫だから、自宅で引き取ろうかとも思いました。しかし、それで問題が解決するわけでもなく、可哀想だからといって引き取ることを繰り返していくことにはキリがありません。

ともかく、「痛み」という感覚のなかで、こうしたらよい、あるいはそうしたらよい、という複雑な感情や選択肢を前にしながら、スパッと「割り切る」ことのできないことが暮らしの現実なのではないかとあらためて考えさせられてしまいました。

現実の選択肢としては、結果として博愛主義的に子猫を助けることはできませんでしたし、他者の無責任さを僕自身が引き受けることもできませんでした。そして、その負の連鎖を止めることもできませんでした。とにかく、機械室で猫が死なないようにという猫にとっても自分にとっても最低限のベターの選択しかできませんでした。

しかし、何かがひっかかる、あるいはわだかまりは残ったままです。慙愧の念と言えば大げさすぎるのかもしれませんし、そして次に同じ局面に立ったとき、何ができるのかも想像すらできません。

ふだん、私たちは、ぐずぐずしたり、どうすればよいのかと悩むのは「決断」の「前」だけだと考えがちですが、実際はそうではないのかもしれません。

「決断」を下したあともぐずぐずしたり、それでよかったのかとくよくよと悩むこともあり、それは人間が生きていくうえで必要不可欠な手続きなのではないでしょうか。

哲学者の中島義道さん（１９４６－）は次のような言葉を記しています。

誰もが、「あのときあれをしなかったら、あのときあれをしていたら」と悶々とするこうした態度はごく自然であり、しかも、（その人が誠実ならば）この問いにはいかなる答えも与えられないことを知っているのも、ごく自然です。

出典：中島義道『後悔と自責の哲学』河出文庫、２００９年。

「もしあのとき」と自問しても答えが出なかったり、後悔することもあります。ぐずぐず悩むことは、どちらかといえば決断力の欠如というイメージで受け止められ、否定的に捉えられがちです。

しかし、中島さんは、人間のこの性質はとても自然なことであり、否、誠実ですらあると高く評価します。ぐずぐず悩んでも、すでに行為は完了しているために、それは答えのない問いへ向かい続ける、一見すると意味のない行為です。しかし、そこから眼を背けないことを誠実とみなすのです。

ハンナ・アーレント（１９０６－１９７５）のイエルサレムのアイヒマンのように、それでよかったのかと悩むことがなければ、決断を下したことは命令に従っただけ、という無責任な体質を生み出してしまうのではないだろうか、と考えることもできます。

子猫に噛まれながらくよくよと、そしてぐずぐず悩んでみましたが、これは人間にしかできない立派な行為ではないでしょうか。

哲学の小径

ハンナ・アーレントによれば、ナチスの一員として多くのユダヤ人を死に至らせたアイヒマンは、悪魔的で残酷な人間ではなく、ただの凡人である。上からの命令に従わなければいけないと信じている真面目で融通のきかないよくいるドイツ人である。個人的にはユダヤ人を憎んでいなかったが、上の命令に従い、自分の義務を果たさなければいけないと信じ、ユダヤ人を殺せと命令されれば殺してしまう。凡人が自分の頭でものを考えるのをやめた時、その人は人間であることをやめる。どんな凡人でも、ものを考える能力はある。考えることをやめさえしなければ。

出典：多和田葉子『言葉と歩く日記』岩波新書、２０１３年。

ユダヤ人の政治哲学者ハンナ・アーレントの話を少しだけ補足しておきたいと思います。２０１２年に、マルガレーテ・フォン・トロッタが監督をつとめ、バルバラ・スコヴァの主演で映画『ハンナ・アーレント』として映像化され、話題を呼びました。

１９０６年、ドイツでユダヤ人として生まれた彼女は、ナチズムとユダヤ人の大量殺戮という世界史的な事件に遭遇することになります。アーレント自身は、運良くアメリカへ渡ることができたものの、生涯を通して全体主義の問題を考え抜きました。

1961年に、ナチスの親衛隊将校でホロコーストに関わった人物であるアイヒマン（1906－1962）が逮捕され、エルサレムで裁判にかけられます。アーレントは裁判を傍聴し、その記録を残しており、それが『イェルサレムのアイヒマン』（大久保和郎訳、みすず書房）です。

アイヒマンは人類史上かつてない狂気的な行為を遂行した人物ですから、「悪魔的で残酷な人間」に違いないと世界中の人々は注目しました。しかし、蓋を開けてみると、裁判に望むその男は、命令に従っただけだと答える役人でしかありませんでした。

映画『ハンナ・アーレント』は、アイヒマン裁判とその反響を中心に取り上げた映画で、ハンナ・アーレントの思索を丁寧に描写した傑作映画です。一度は観てほしいと思いますが、ここでは、その映画を鑑賞したドイツ在住で、日本語とドイツ語の二ケ国語で創作を続ける作家の多和田葉子さんの鑑賞録を取り上げてみました。

うだうだと悩み続けることは、あまり価値的な行為ではなく、消極的なものと理解されがちですが、僕はそんなに単純なものではないと考えています。

06

蒐集という楽しみ

幼いころから蒐集癖があり、切手から始まりアンティークウォッチやカメラを今でも集めています。しかし、蒐集の醍醐味とは集めることではなく、そこで立ち止まり考えることで世界が広がり、叡智が深まるということにあるのではないかと考えてみました。

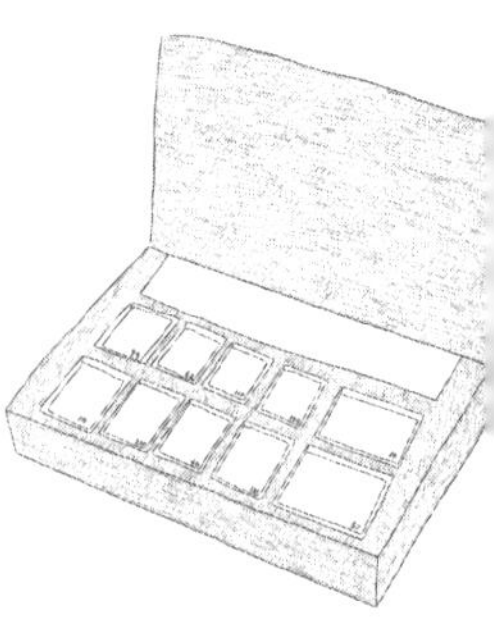

■蒐集することから広がる世界、そして深まる叡智

これはひょっとすると自分自身の性分なのかもしれませんが、何かに嵌ると、それを蒐集することが小学生の頃から続いています。

思い返せば、最初に凝ったのが切手収集でした。小学生のときの話です。母親が記念切手を大切にしていたことが契機となり、中学生になる頃まで切手一筋でした。僕らの世代には多い趣味のひとつかもしれません。大学生になったとき、同じようにコレクトしていた人が多くいることに、ちょっと驚いたりもしました。

しかし、何かをコレクトするというのはおもしろいものです。切手やアクセサリーなどを集めることで楽しんでいると、何かを集めるという喜びのほかに、そこから「学ぶ」ということへ広がっていくことがよくあります。

蒐集にとどまらず、「学ぶ」ことの喜びを感じているのは僕だけではないかもしれません。

たとえば、記念切手を参照すると多様な造形に出会いますが、僕の場合、そこから浮世絵を知り、あるいは天然記念物を知り、そして世界を知ったことは、自分自身が人間として成長するうえで、かけがえのない契機となったのではないかと考えています。

浮世絵で言えば、写楽（生没年不詳）や北斎（1760－1849）、あるいは歌川広重（1797－1858）との最初の出会いは、一枚の記念切手でした。

絶滅危惧種というものが存在することを初めて認知したのも一枚の切手との出会いでした。そして写楽や北斎とは何ぞや？　あるいはトキとは何ぞやと思い、学校の図書室で調べてみたりしたことを覚えています。

その意味では、何かをコレクトするということは、自分自身で学びを広げ、そして叡智を深めていくきっかけになるのではないかと僕は考えています。ちょっと、大げさでしょうかね……。いやいや、そんなことはありません。

■スイスってどんな国かご存じですか？

さて、長じてから嵌まったのが、アンティークカメラとアンティークウォッチの蒐集です。

カメラは、バルナックライカを中心にほとんど集めてしまい、コンタックスやコンテッサ等などドイツ製品に手を出し、たまに、国産金属製カメラを蒐集しています。

アンティークウォッチは、やはり多様な１９５０～７０年代の、クォーツショック以前の黄金期の手巻き式腕時計が中心で、誤差が３分ぐらいは当たり前としながら、実用品を中心に集めています。

おもしろいのは、会社自体はドイツやフランスにありながら、やはりムーブメント製造は、スイスに集中しているということでしょうか。

そうすると、そこから学びが始まります。

スイスに対して私たちはどのようなイメージを持っているでしょうか？

永世中立、あるいは世界的な銀行業等など平板な印象を抱きがちですが、スイスっていったいどんなところなのだろうかと、時計を起点に深掘りしてみるとおもしろいものです。

いわゆる「ものづくり」よりも「GAFA（ガーファ）」と呼ばれる、Google、Apple、Facebook、Amazonといった情報通信産業が世界を席巻しているのは実情です。

しかし、精密機械式腕時計に代表されるものづくりが莫大な貿易黒字を生み出すスイスでは、精密機械（時計や医療機器）のほか、化学薬品業界でも世界をリードしていると言われています。

調べてみなければ知ることのなかった事柄かもしれませんが、たとえば三千円程度の古びた一本の機械式腕時計が、そうした新しい認知を召喚することに、僕は、何かをコレクトすること「以上」の喜びを感じています。

■スマートウォッチは誰のために

さて、前置きが長くなりましたが、腕時計の話です。

スマートウォッチを代表するのがアップルウォッチで、最近、よく目にするようになり、どんなものかと思い、試しに購入してみました。とはいっても、最新のアップルウォッチとはほど遠い、格安の入門機です。

機能としては、ブルートゥース接続による電話の着信ほか、ツイッターやＬＩＮＥといった主要なＳＮＳやメールの通知ができますが、格安スマートウォッチが力を入れている運動追跡と健康管理は思いのほか充実しておりびっくりしています。初めて触る人間としてはちょっと驚愕します。

僕が驚愕した運動追跡ですが、毎回運動の消費カロリー、歩数、移動距離などのデータを記録し、目標設定も可能です。とりあえず一万歩を目標にしましたが、なんとなくクリアしています。

一方、健康管理機能ですが、心拍数の記録のほか、こんなこともできるのか、と驚いたのが、睡眠管理モニターという機能です。睡眠時間を計測し、浅い睡眠と深い睡眠を記録してくれるのですが……そしてそれがどういう原理で記録されているのかは分かりませんが……自分自身がどういう睡眠をしているのかを数値で確認できるのは、思いのほか便利です。体感的に眠りが浅いなあと思った朝は、やはり浅い睡眠時間が長くなっており、健康管理を心がけようと思ったりもします。

使い始めたところですが、こうした入門機が最低限のレベルだとすれば、上位機の多機能にはワクワクしますし、スマートウォッチとは新しいもの好き、あるいはガジェット好きが飛びつきそうなアイテムであることは間違いありません。

さて、使い始めたスマートウオッチですが、健康管理や運動管理の記録に注視して、「スマートウォッチは誰のために?」と考えてみるならば、ちょっと健康が気にかかる中高年の方におすすめではないかと思ったりもします。

スマートウォッチと聞けば、やはりイメージとしては、ちょっと時代の先端を行くIT男女、あるいは英語でビジネスのようなエッジの効いた人間が利用する腕時計という印象がつきまといます。それは僕だけだとしたらごめんなさいですが、実際に使用してみると、本当にスマートウォッチが必要なのは、イメージとは異なり、中高年の人々なのではないかと考えています。

今回はものを蒐集すること、そしてそのことを考える意義を紹介しましたが、そのほかのことでも、何でもないような営みが、実に豊穣な考えるヒントに満ちあふれているのではないかと考えます。

その意味では、それぞれの方々がコレクトや蒐集、あるいは何らかのこだわりがひとつやふたつはあるとは思うのですが、そこに注視し続けながら考え、ときには脱線したりすることを繰り返すと、コレクトに収まりきらない裾野が広がってくるのではないでしょうか。

哲学の小径

スマートウオッチを導きの糸としながら、ここでは、人間はどこからでも学ぶことができるということを考えてみました。

『宮本武蔵』や『三国志』の小説で知られる国民的作家吉川英治（１８９２－

1962)は、人から色紙に一筆を頼まれると「我以外皆我師」と書いたそうです。これは、吉川の人生に対する態度を綴ったものですが、要は、自分以外の人や自然、あるいはあらゆる事柄を「先生」として学んでいこうというものです。

私たちは、暮らしのなかで、ややもすれば、「この生活からは何も学ぶことができない」と思ってしまうことがよくありますが、それはひょっとすると傲慢な態度かもしれません。なぜなら、何も学ぶことなどないと考えてしまうことは、「我こそは偉い先生だ」という思い上がりと同じかもしれないからです。その意味では、吉川英治のような人生に対する態度を意識的に身につけたいものです。

吉川英治のアプローチは知性の使い方と言ってよいかと思いますが、感性からのアプローチもあります。それがレイチェル・カーソン(1907-1964)のいう「センス・オブ・ワンダー」という考え方です。

子どもたちの世界は、いつも生き生きとして新鮮で美しく、驚きと感激にみちあふれています。残念なことに、私たちの多くは大人になるまえに澄みきった洞察や、美しいもの、畏敬すべきものへの直観力をにぶらせ、あるときはまったく失ってしまいます。

もしわたしが、すべての子どもの成長を見守る善良な妖精に話しかける力をもっているとしたら、世界中の子どもに、生涯消えることのない「センス・オブ・ワンダー＝神秘さや不思議さに目をみはる感性」を授けてほしいとたのむでしょう。

この感性は、やがて大人になるとやってくる倦怠と幻滅、私たちが自然という力の源泉から遠ざかること、つまらない人工的なものに夢中になることなどに対する、かわらぬ解毒剤になるのです。

妖精の力にたよらないで、生まれつきそなわっている子どもの「センス・オブ・ワンダー」をいつも新鮮にたもちつづけるためには、わたしたちが住んでいる世界のよろこび、感激、神秘などを子どもといっしょに再発見し、感動を分かち合ってくれる大人が、すくなくともひとり、そばにいる必要があります。

出典：レイチェル・カーソン（上遠恵子訳）『センス・オブ・ワンダー』新潮社、１９９６年。

彼女は、今から半世紀以上前に古典的名著『沈黙の春』（青樹簗一訳、新潮文庫）を著し、現代の地球環境保全を考えるきっかけをつくった海洋生物学者です。

アメリカ合衆国メイン州の海辺の小さな別荘で幼い姪とともに自然と触れ合うなかで生み出されたのが、「センス・オブ・ワンダー」という言葉で、純粋無垢な子どもたちには誰にでも備わっている「神秘さや不思議さに目をみはる感性」のことです。

彼女の指摘に従えば、毎日何も変化がないと考える大人の世界はモノクロームな世界になりますが、「子どもたちの世界は、いつも生き生きとして新鮮で美しく、驚きと感激にみちあふれています」。なぜなら「センス・オブ・ワンダー」という感覚を発揮して、世界のなかで生き生きと喜びを見出していけるからです。

レイチェル・カーソンは一流の科学者で環境破壊に警鐘を鳴らしましたが、意外にも「『知る』ことは『感じる』ことの半分も重要ではないと固く信じています」とも言います。

知性と感性を対立的に捉える必要はないかもしれませんが、あらゆるチャンネルを使って、すべての事柄に喜びや楽しみを見出し、そこから学んでいくという姿勢を身につけることは大切だと僕は考えています。

07 エアコン掃除をしながら考えたこと

先日職場で家庭用のエアコンを掃除しました。エアコン掃除は、業者に依頼するものと考えていましたが、自分でもできることに驚きました。

私たちが「これが普通だよ」と思っていることって実は、自分だけがそう思っているだけなのかもしれません。

■エアコンって、自分たちで掃除できるものなんですか？

ある日、出勤してすぐに「ウジケさん、今月の前半でエアコンの掃除してしまうから！」という指示が上司からありまして、ちょっと驚いてしまいました。家庭用であれエアコンというのは、電気屋さんとか清掃業者に依頼して掃除してもらうものだと理解していたからです。

「エアコンって、自分たちで掃除できるものなんですか？」

「やったことないの？　じゃあ、いっしょにやってみよう！」

ということで、まずは電源コードを抜き、パネルとフィルターを外し、水漏れに備えた養生をします。部屋やエアコンの基盤部分を濡らしたり汚したりしないためです。

パネルとフィルターを洗浄してから、手押しポンプ式の簡易な高圧洗浄機を使って、冷却フィンの表面を専用の薬剤で洗い、次にもう一度水洗いしてみました。洗浄中は室外機から出ている「ドレン」ホースから汚れた水を掃除機を使って吸引してみました。

あとは、乾燥させて、パネルを組み立て、試運転してみるという手順です。４時間ほど乾燥させて水漏れがないかを確認してからスイッチオン！

「おお〜。きれいに動いているじゃないの」

などと唸ってしまいました。

言うまでもありませんが、このやり方が間違いのない正しい方法であることを保証するものではありませんので（だいたいは大丈夫だと思いますが）、「あなたの言うやり方でやったらエアコンが壊れてしまったじゃないか！」みたいなクレームは受け付けませんので、自己責任でお願いします。自己責任という言葉は嫌いですけどね。

■認識を改めていくこと

一日ですべてのエアコンを掃除することはできませんし、業務用は業者に依頼していますが、連日、出勤しては1台、2台と掃除しました。

しかし、エアコンを自ら掃除できるなんて、僕としては、実に大発見であり、自らの経験やものの見方がいかに矮小なものであったのか、あるいは、「井の中の蛙大海を知らず」であったのかと認識の更新を迫られるよい機会になりました。

室外機から出ているホースは「ドレン」と呼ぶそうですね。このとき正式な名称を初めて知りました。エアコンの洗浄剤は、スプレー式のものもあるそうで、これから定期的なそれは、自分でやってみようと考えています。

さて、エアコン掃除をしながら考えたことについてです。

「井の中の蛙大海を知らず」という言葉が象徴的です。僕はエアコンの掃除というものは業者がやるのが「常識」だと理解していましたが、実はこれは自分だけにしか通用しない「常識」であったということです。

僕にとっての〃エアコン掃除〃は、それ以外にも実はたくさんあるのではないかと考えると、暮らしのなかでの些細なことに注目すること、そしてそのことで、自分自身が「常識」と理解していることが「非常識」としてひっくり返される経験に対して「柔軟」でなければならないと考えました。

■ 暮らしから世界へ

エアコン掃除などは他愛もない事柄かもしれません。しかし、暮らしのなかで気づきを得て、認識を改めていくという柔軟なライフスタイルを身につけることは大事だと僕は考えています。些細なことかもしれませんが、何かを改めていく、改善していくきっかけになるからです。

たとえば、個人の生活から私たちが生きている社会へと目を転じてみましょう。社会の現状の悪しき慣例を改め、より快適なものにしていくためには、同じような「気づき」

が必要不可欠です。

「そうなっているからそうだ」式の現状容認のなかには、筆者のエアコン清掃のような「常識」と思っているだけの「非常識」が少なくありません。そして、私たちが人間らしく暮らしていくことを阻んでいるのが、その常識という名の非常識に他ならないのです。

たとえば、性別役割分業もそのひとつですよね。女子だから家事ができて当たり前というのは、二千年以上昔からある伝統ではなく、極めて近代に創造された神話です。家事ができるに越したことはないのでしょうが、得意でないからといって「女子力」が低いわけではありません。

近年、こうした矛盾の指摘が相次いでいますが、それは常識とされている事柄が実は非常識であったという気づきに基づくものです。

一人ひとりの暮らしの問題も、そしてそうした人々が暮らす社会や世界の問題に関しても、実は、身の回りから気づきを得て、認識の更新を始めることから立ち上がるのではないでしょうか？

アリストテレスのいう「ごく身近の不思議な事柄に驚異の念をいだき」がすべての出

発点であること、そしてその驚異の念に柔軟に対応していくことが大切ですね。エアコン掃除をしながら、ちょっと考えてみた次第です。

哲学の小径

「哲学」ということばは、知恵の研究を意味し、知恵とは単に日常生活の分別のことだけではなく、自分の生活を導くためにも、健康の保持やあらゆる技術の発明のためにも、人が知りうるあらゆることがらについての完全な知識を指すこと。

出典：ルネ・デカルト（山田弘明ほか訳注解）『哲学原理』ちくま学芸文庫、2009年。

暮らしのなかでのスタンダード、あるいはデフォルトの認識というものは、思うに、人それぞれだと思います。そしてたいていの事柄については、それで問題なく事態は進行するものだと思います。

しかし、そのスタンダードやデフォルトといったものは、「人それぞれ」という言葉を使ったように、大げさに言えば、「普遍的なもの」あるいは、絶対的に確実なものではありません。
その人のデフォルトが「普遍的なもの」でなくてもいいのでは？　とつっこまれそうですが、それで損をしてしまったりするのであれば、僕はちょっとだけもったいないんじゃないのかしらんとも考えます。加えて、自分だけにしか通用しないルールが誰にとっても当てはまるルールだと思いこんで生きていて、そのことに気づかず生きているとしたら、相手との齟齬が生まれることもあります。そのことをここでは、エアコンの掃除から考えてみました。

近代哲学のチャンピオン・デカルト（１５９６－１６５０）によれば、哲学とは知恵の研究であり、その知恵とは「単に日常生活の分別のことだけではなく、自分の生活を導くためにも、健康の保持やあらゆる技術の発明のためにも、人が知りうるあらゆることがらについての完全な知識を指すこと」とされます。

繰り返し強調したいのですが、まず哲学の知恵とは、象牙の塔の占有物ではなく、「自分の生活」や「健康」といった暮らしと密接につながっているということです。

次に確認したいのは、その知恵が誤っているのであるとすれば、訂正する勇気が必要だということになります。そのためにデカルトはあらゆることを疑い抜き、その末に、疑っている自分自身の存在は「疑うことができない」という事実を発見するに至ります。

日常生活のなかで、誤りを発見し、それを不断に訂正していくことができるとすれば、私たちの暮らしは、今日より明日一歩前に進んでいきますよね。

たかだが、「エアコン掃除」ではないと僕は考えています。

08

VRとしての読書

昨今のVR（疑似体験）の技術革新には目をみはるものがあります。ゲームひとつとってみてもそのリアリティには驚くばかりです。

しかし、最新のVRは、最も原始的なVRである読書と何が違うのでしょうか？

■ 読書でタイムトラベル

先日、『朝日新聞』の声の欄に高校生から「読書で毎朝　タイムトラベラー」という投書がありました。学校は家から電車とバスで2時間、往復で4時間もかかるとのことで、「毎朝電車で読書している」とのことです。

なぜ、読書が良いかというと、本を読んでいると時があっという間に過ぎてしまうからである。本の世界に浸り、気付くと学校最寄り駅。毎朝気分はタイムトラベラーだ。

出典：「声　読書で毎朝　タイムトラベラー」、『朝日新聞』2019年11月8日付。

このことは僕自身もよく理解できます。現在はロードバイクで通勤していますので、読書しながらというわけにはいかないのですが、東京にいた時分は、千葉の短期大学までは往復6時間の通勤時間がかかりましたので、優雅な読書時間として車中を過ごしていました。6時間も通勤しておりますと、それなりの量の読書ができますので、荷物が重くなったことが懐かしい思い出です。

投書した高校生は「実際、毎日往復150キロ以上移動しているので、距離では既に立派なトラベラーかもしれないが」と付け加えています。

田舎に住んでいると、自家用自動車での移動がデフォルトになります。僕自身はSDGs的な生き方を選択すべくロードバイクで移動していますが、通勤時間という「トラベル」が喪失したため、読書の時間をどのように確保するのかということが大問題……といえば大げさかもしれませんが……になっています。

■紀行文学でアジアの奥地を奔放にかけめぐる

このところ、蔵書整理を続けているのですが、若い頃に読んだ一冊との再会が懐かしく、時間を見てはページをめくっています。おかげで整理がなかなか進みません。

さて、最近、手にとった一冊は、日本近代史、民衆思想史の分野でそのものの見方を塗り替えた歴史家・色川大吉氏（1925―）の紀行文学です。手元にあるのは、『ユーラシア大陸思索行』（中公文庫、1976年）です。

色川氏といえば、学徒出陣を経て復員後、様々な仕事を経て大学教員となり、明治期の埋もれた民衆思想を掘り起こした人物として有名です。「色川史学」と呼ばれる民衆の底辺の視線への注目は、学者を離れたフィールドワークにあると指摘されていますが、本書もその一冊ではないかと思います。

1971年6月1日、一台のキャンピングカーに荷物を積み込み、リスボンからインドへ、山を越え、砂漠を横断して東京へ向かう4万キロメートルの行程の記録です。現在と違い、東西冷戦下の1970年代に、こんな大胆な挑戦を試みたことに驚かざるを得ません。

若い頃、こうした紀行文学を貪るように読みました。それは慣習と血縁でがんじがらめにされた田舎の閉じた社会の息苦しさから逃れたい一心からです。しかしその読書体験を思い返せば、本を読むことは、色川氏の体験を実際に経験するわけではありませんけれども、VR（疑似体験）以上の追体験とでもいうべきインパクトが存在するのではないかと考えさせられてしまいます。

私を生んだのは世界の田舎。大陸の東端の島国。その小さい天皇島。そこには半盲の大人がたくさんいて、自分を世界の中心だと思っていた。そして半ば国を閉ざし、青年が海外（そと）に出てゆくのを許さなかった。少年のころ、私たちは目かくしをされ、耳をおおわれ、愚かな愚かな教育を受けて育った。物ごころついてからは、若い魂は時代閉塞の情況のなかで悩み、苦しんだ。そのころの私の最も大きな楽しみは、アジアの奥地を奔放にかけ回る空想だった。

出典：色川大吉『ユーラシア大陸思索行』中公文庫、１９７６年。

戦中派の色川氏と１９７０年代生まれの僕との時代感覚に違いはありますが、「世界の田舎、大陸の東端の島国」で半盲の大人たちに囲まれて育った閉塞感には共通がないとは言えません。そうした葛藤のなかで、若い頃、紀行文学に引き込まれたのではないかと考えています。

ユーラシア大陸の最奥部への旅は、僕の心を解き放ったことは懐かしい思い出です。

■ VRとは異なる読書という体験

僕自身の読書体験を振り返ってみても理解できるのですが、先に言及した「色川氏の体験を実際に経験するわけではありませんけれども、VR（疑似体験）以上の追体験とでもいうべきインパクトが存在するのではないか」という読書という体験について考えてみたいと思います。

映像や音声、あるいは五感のすべてを使って、たとえば、ユーラシア大陸の最奥部をドライブすることは不可能ではありません。その熱度、空気、匂いにいたるまで、キャンピングカーを運転しながら、アフガニスタンから中国への峠を越えていくことをバーチャルリアリティは提供することができます。

しかし、VRが決定的に提供することのできないものがあるのではないでしょうか？そして、それが読書という、VRのひとつの原始的なバージョンにはあるのではないかと僕は推察しています。

最新のVRが提供できず、そして最古のVRとしての読書が提供できるものとは何かと言えば、僕は「思索」ではないかと考えています。

体験すること「だけ」に終わるのか。それとも（読書）という体験と葛藤しながら「思索」するのか。体験という契機は同じかもしれませんが、そこが決定的に異なるのではないかと考えています。

私たちがつとめて地方の町や村を回り、民衆生活にふれ、その民衆文化の観点から、これまでの西欧観や回教世界観やインド観を訂正してみたいとねがったこと。それは私自身の眼が、つねに日本人であることの限界のためにかぎられており、私たちの思考が、いちじるしく客観性や普遍性に乏しかったことへの反省から発している。私は自分の眼で、日本とは異質な文化圏の人びとの生き方を見たかった。そうしないかぎり、自分の研究者としての不安を鎮める道をも見いだすことができなかった。

出典：色川大吉、前掲書。

これは、色川氏がユーラシア大陸を横断するにあたり、掲げた氏自身の課題です。こうした「問題意識」と対峙しながら、それに共感したり、あるいは反発したりしながら、疑似体験を進めていくということは読書にしかできないことではないでしょうか?

どちらが優れているという単純な話をしたいのではありません。ゲームをプレイするにしてもリアリティが強烈な方がおもしろいのが事実ですから、それはそれで愉しめばよいわけです。しかし、リアリティの再現性で劣等するとして読書を退けるというのはちょっと早計なのではないかと考えたいのです。

読書すれば退屈な通学時間を、本の世界を冒険する有意義な時間に変えることができる。周りを見るとスマホをいじっている人が多い。それも楽しいが、本を試してはいかがだろうか。

出典：前掲、『朝日新聞』。

哲学の小径

「人間にはだれにも——技術上の秘密があるものだ。あなたにもある。ぼくにもある。ぼくの本を読むなら、それを額面通りに受け取ってほしい。ちょうどぼくが——」ふたたびアベンゼンは自分のグラスで彼女を指し示した。「そのドレスの中にあるのが本物なのか、それともワイヤと支柱とフォームラバーの詰め物で作られたしろものなのかと聞きただざずに、見たものをそのまま受け入れているようにだ。それが人間の本性を信じ、自分の見るもの全般を信じるということの第一歩じゃないのかね？」

出典：フィリップ・K・ディック（浅倉久志訳）『高い城の男』ハヤカワ文庫、1984年。

僕は、時々、SF作品を読みます。リアルな日常生活とは異なる奇想天外な物語は、ひとつの思考実験となり得るからです。これもVRが提供できない「思索」のひとつのバリエーションではないでしょうか?

最近、熱心に読み直しているのがSF作家フィリップ・K・ディック(1928-1982)の作品です。ディックといえば、映画『ブレードランナー』の原作である『アンドロイドは電気羊の夢を見るか?』を思い出す方が多いかもしれませんが、僕は『高い城の男』が最高傑作ではないかと考えています。

舞台は宇宙や異世界とはほど遠い第二次世界大戦後の世界です。しかし、そこはドイツと日本が戦争に勝利した世界となります。そのありえない世界での、歴史のオプションやその人間の揺れを丁寧に描いた作品で、「こうしたとき、僕はどういう選択をするのが正しいのか」と考えると、ワクワクぞくぞくするだけでなく、自らの正論を鍛え直すきっかけにもなります。

さて、この物語で重要な役割を担うのが「高い城の男」ことアベンゼン氏です。ドイツ支配下の合衆国とヨーロッパでは禁書に指定されている『イナゴ身重く横たわる』

の作者です。この禁書を巡って入り乱れる人間ドラマがひとつの魅力ですが、アベンゼン氏とその作品が私たちに示唆するのは、ここことは別の本物の世界の可能性ということです。

それは、「技術上の秘密」を自覚しつつも、「額面通りに受け取」ることでチラ見できるものですが、詳しくはこの作品をお読みください。

いずれにしても世界の複数の可能性を検討したり、現実の人間の選択肢の複数を思考実験として繰り返すことは、現実世界では体験できないことを「試す」ことになりますから、私たちが常日頃考えていることを鍛え直したり、見落としている視点をすくい上げるきっかけにもなります。

確かに、SF作品は、筋を読むだけでもワクワクするものですが、それ以上に、私たちが何かを考えたりすることのきっかけになりますから、まんざら捨てたものでもありません。

第3章

暮らしの
中で
考えてみる

第3章　暮らしの中で考えてみる

さて、身近な暮らしに注目すると、意外な発見があるものですが、次に大切になってくる手続きとはいったい何でしょうか？

それは「自分自身で考える」ということです。

古代中国の哲学者に孔子（紀元前522頃－紀元前479）という人物がいますが、『論語』という書物のなかで「学びて思わざれば則ち罔し」という言葉を残しております。この言葉は、いくら書物を読んでも、自分自身で考えないのであれば、本当に理解することはできないという意味です。

カント（1724－1804）という近代ドイツの哲学者は、『啓蒙とは何か』という書物のなかで、自分自身で「自分の理性を使う勇気をもて」と述べています。どちらの言葉も、自分自身で考えることの大切さを説いたものです。

啓蒙とは難しい言葉ですが、正しい知識を身につけることによって、私たちが世界や人間に対するものの見方を新たにしていく営みとでも言えばよいでしょうか。知ることとは、単にその名前を覚えるということに尽きません。人間とは何かを知り、それを深く理解することによって人間として成長していくのです。

このことは、学校の勉強を振り返ってみても同じです。いくら先生の話を聞いても、教科書を読んでみても、それを自分の頭のなかであらためて咀嚼してみなければ、自分のものにはなりませんよね。咀嚼というのは、ご飯を食べるときに、歯でよく噛み、ゆっくりと時間をかけて食物を食べることです。食べるとは単に、食べ物を体のなかへ送り込むのではありません。味覚だけでなく、視覚や聴覚、触覚など五感で味わうことで初めて美味しさが理解でき、きちんと栄養を摂取することができます。これは勉強や物事を理解するうえでも同じです。

十七世紀のフランスにパスカルという思想家がいます。彼は次のような言葉を残しております。則ち、

「人間はひとくきの葦にすぎない。自然のなかで最も弱いものである。だが、それは

考える葦である」。

葦とは、湖畔に群生し、少しでも強い風が吹けば吹き飛び、折れてしまうような、か細い植物です。人間は生き物としては、葦のように「自然のなかで最も弱いもの」です。たとえば、牛や馬の赤ちゃんは、生まれ落ちてすぐに自分の脚で立ち上がり、ミルクを飲むことができますが、人間にはできません。しかし、人間には、他の動物や植物とは異なり、考える知性があります。人間は考えることによって、決定的に他の存在とは異なり、その力によって無限の力を持つ存在なのです。ただし、パスカルは、ここに道徳の原理を同時に見出します。無限の力を持っているからといっても、何をやってもよいわけではないのだ、と。

しかし、「考える」とはいったい何でしょうか？

考えるということは、それを疑うことでもあり、それを問うことでもあります。いったいそれは何かと疑い問うていくことが、具体的に考えるということです。そしてそうすることによって人間は人間として成長していくものだと僕は考えています。たとえば、ヘレン・ケラー（１８８０－１９６８）が最初に「水」という言葉を理解したように。

第3章

暮らしの中で考えてみる

01 女湯での戸惑い

暮らしのなかで、気になっているのに放置してしまうことってよくありますよね。しかし、そうすると問題への解決は塞がれてしまいます。

気になったことに、ちょっと注意を注ぎ、正面から向き合ってみるということの意義を考えてみました。

■仕事に励むなかで

僕の現職は、地域再生のお手伝いです。といってもざっくりすぎますが、付帯的な業務としては、機械操作から接客に至るまで幅広く何でもやるという感じで、少々戸惑いながら、慣れない仕事に挑戦する毎日です。

ただし、こうした戸惑いというのは、どの職種においても多々見られるものであることは言うまでもありませんけれどもね。まあ、まずは、ここをクリアしていかなければ、何も始まりません。

さて、先日、女性用の大浴場の清掃をしました。大浴場の清掃自体がはじめての経験ですし、ふだん入ることのない世界です。男性用のそれは、よく見慣れたものですが、女性用のそれは、少々、造作が異なることに瞠目しました。つまり次のようなことです。

今日は女湯の清掃をして疲れましたが、女湯だけにベビーチェアがあり、オムツの交換台等があるんです。男湯にはありません。
育児は女性という性別役割分業という先入見が、女湯にのみそれらを設置させてしまうのかと思いました。授乳所は不要としても、男湯にオムツ関係があってもいいとは思うのだけど。

氏家法雄(@ujikenorio)2019年5月8日

■ 細かい事が気になってしまう、僕の悪い癖

テレビ朝日の刑事ドラマ『相棒』で、水谷豊（1952−）さん演ずる、警視庁・特命係の杉下右京さんは、何かがひっかかるとき、「細かい事が気になってしまう、僕の悪い癖」ですと言います。

私たちの仕事や日々の暮らしのなかで、「気になってしまう」ことは、実際、少なくありません。僕が女湯の清掃で「気になってしまう」こともそのひとつだと思います。しかし、その時だけ気になって、あとは気にならないことの方が実際は多いのではないでしょうか。

そうした場合、気になってしまったことは、反省されないまま置き去りにされてしまい、更新されないままになってしまいます。だとすれば、その気にかかりは、大げさに言えば、無駄になってしまいます。

私たちは、常日頃、暮らしのなかに変化がないことを「退屈」であるとか「代わり映えしない」と表現します。

しかし、「退屈」であるとか「代わり映えしない」暮らしにしているのは、暮らしそのものではなく、「気になってしまう」ことを杉下右京さんのように丁寧に顧みていない私たち自身であるのかもしれませんよね。

■ 注意と意志

「気になってしまう」とは、暮らしのなかでその事柄について注意を注ぐということです。注意について、フランスの思想家シモーヌ・ヴェイユ（1909―1943）は次のような言葉を残しています。

新奇な事柄を理解しなくてもよい。だが、忍耐と努力と順序をつくし、自分のすべてを注ぎこんで、明白な真理の理解に達しようとつとめること。

出典：シモーヌ・ヴェイユ（田辺保訳）『重力と恩寵』ちくま学芸文庫、1995年。

ヴェイユの指摘によれば、「気になってしまう」ことに注目し、その課題を解いていいくために必要なことは、忍耐と努力と順序を尽くしていくということに尽きるのかもしれません。

たとえば、性別役割分業が歴然として間違っていることは、諸学問の示すところでは「明白な真理」です。しかし、講壇から語るだけでは、誤りを正すことは不可能です。その意味では、ヴェイユの指摘が役立ちそうです。

女湯だけに用意されている育児関連の設備は、「イクメン」などともてはやされる現在を顧みれば、男湯にもあってもよさそうですよね。

暮らしのなかで、忍耐と努力と順序を尽くすことで、短い一歩かもしれませんが、「気になってしまう」ことへの解決の糸口が開かれるのかもしれません。

哲学の小径

こうしてみれば、社会的革新の運動は、つねにそれを支えるひとりびとりの人間の内面的な自己紀律によってこそ担保され、おし進められるといわねばならない。真の意味での体制変革は、たんに現存体制内部の個々的な弊害を指摘するだけで足れりとするものではない。それは、根底的には、新しい価値体系の創造を不可欠とする以上、人間の変革なしにはありえない。たとえば、現代の日本では、経済競争のメカニズムが作動せず、大企業にのみ利潤が沈澱しがちである。そうした大資本の恩恵に浴する労働組合が、労働者としての社会連帯の精神に欠け、また企業主義に埋没するあまり、大企業のもたらす公害にたいして市民的連帯の立場をとり難い事実も、しばしば指摘されている。このような例をみれば、社会の革新は、いわば制度の底辺における革新、日常的な行動様式や人間の価値観を不断に変革していく地味な努力の蓄積を必要としているのである。

出典：宮田光雄『現代日本の民主主義－制度をつくる精神－』岩波新書、１９６９年。

女湯での気付き、そして戸惑い、解決への提案という一連の僕の熟慮や葛藤というものは、物事を変革するときに大切になってくるいくつかのポイントを示しているように思われます。

私たちは、目の前の何かを変えようとするとき、問題点を指摘し、それに変わりうるオルタナティブを提案すれば、すべて解決すると思いがちです。それは間違ってはいませんが、うまくいくときもあれば、うまくいかないときもあります。

たとえば、女湯にしか設置されていない育児関連の設備を男湯に設置しようと提案することは、男女の平等や共同参画という立場から推奨されてしかるべきです。しかし、その言い方というものが、どこからか切り取られたテンプレート、あるいは模範解答のような上から目線の言葉で「こうしろよ」なんて言われてしまうと、ちょっと反発を覚えませんか？　いくらその主張や提案が正しいものであったとしても、それは広く共感を呼びません。

しかし、その事柄が私たち一人ひとりに内面化され、私たちの外にある言葉を繰り返すのではなく、自分自身の言葉として発せられるのならば、共感を呼びうるかもしれません。

南原繁（1889－1974）と丸山眞男（1914－1996）といった東京大学の良心の系譜に学んだ政治学者の一人が宮田光雄さん（1928－）です。民主主義を支える精神とは何かを丁寧に探求した知性として知られますが、「制度をつくる精神」

として大切なこととして「たんに現存体制内部の個々的な弊害を指摘するだけで足れりとするもの」ではなく、「ひとりびとりの人間の内面的な自己紀律によってこそ担保され、おし進められる」ものでなければならないと言います。

「社会の革新は、いわば制度の底辺における革新、日常的な行動様式や人間の価値観を不断に変革していく地味な努力の蓄積を必要」としており、その言説と実践が伴わなければ、社会は革新されません。

社会の革新と言うと大げさかもしれませんが、私たちの暮らしを振り返ってみても同じではないでしょうか。会社の問題だけでなく、夫婦の間でも、近所付き合いの間でも、ここをこうした方がいいのではないのかなあといった問題は山積します。それを少しでも変えよう、あるいは一ミリでも前へ進めようと思ったとき、宮田の指摘が肝要になると僕は考えています。偉そうに言っただけでは何も変わらないことは、私たちの生きている時代そのものが証明していますからね。

02

読むことと書くこと

ＡＩの苦手な行為は、読むことと書くことだそうです。そして、この基本的な人間の力が弱まっているという指摘があります。

今回は、「読むこと」と「書くこと」、そして「考えること」について考えてみました。

■ ＡＩができることは、人間もまあまあできる。ＡＩができないところほど、人間もできない。

先日の新聞に、「東大入試に合格できる力をＡＩにつけさせるプロジェクト」を主導したことで知られる国立情報研究所の新井紀子先生（１９６２－）の講演が紹介されていました。

最先端のＩＴ教育よりも前にすることがもっとあるはずだとして、次のように指摘しています。

ＡＩができることは、人間もまあまあできる。ＡＩができないところほど、人間もできない。このままだと、読み解く力がない子どもたちは、労働市場から追い出される。

出典：「ＩＴ教育　沸き上がるけど」、『朝日新聞』２０１９年７月７日（日）付。

中高生にテストを解かせ、人間の読解力を分析したところ、「文章の内容を正確に理解していない」ことに衝撃を受けたそうです。意外かもしれませんが、この人間の読解力が「ＡＩに代替できない力」のひとつだそうです。

新井先生は、現在はプロジェクトから降り、「子どもたちが文章や図表の意味をどれだけ速く正確に理解できるかを診断する『リーディングスキルテスト（ＲＳＴ）』をつくり、教師たちと一緒に授業のあり方を考える活動に取り組んでいるそうです。

■「読む」ということと「書く」ということ

私たちがものを読む行為とはいったいどのようなものでしょうか？　単に読むと聞けば、たとえば、読み上げソフトが文字を読み上げる行為と想起するかもしれませんが、単純にイコールかと問われれば違和感が残ります。だとすれば、現実に、読み手が書物を「音読」して「読む」といった場合でも、ただ「発話」して終わりではないということを意味します。

読むという行為には、文字を追い続けることだけではなく、「理解」という契機が含まれていることを見落としてはいけないのではないでしょうか。

一定のまとまった文章や書物を読み、その読み手が、それを咀嚼することによって、書かれていることを理解していく行為こそ「読む」ということのひとつの意義だと僕は考えます。この大切な営為が、非常に弱っているとの指摘には、驚きを隠せません。

読解力が足りなくなった原因として「親切心で先生たちが穴埋め式のプリントをつくると、子どもたちはキーワード以外の部分を読み飛ばすようになる」ことが指摘されています。その結果、たとえば、理科の実験のノートがきちんと取れなくなってしまうともあります。

読むことが正確にできなければ、正しい理解もできませんから、結果としてアウトプットとしての「書く」という基本的な行為も弱ってしまうのは必然です。

■ 暮らしのなかでの「読む」「書く」「考える」こと

現在、巷では、ＩＴ教育が盛んだそうです。民間の学習塾と提携する形で全国に広がっているそうですが、私たちは目先のＩＴ教育より先に取り組むべきことがあるのではないでしょうか。

それがやはり、「読む」ということと「書く」ということです。

僕自身、人文科学の研究者ですので、自然科学と異なり、「読む」ということと「書く」ことが探究の基本的なスタイルになります。

この「読む」ということと「書く」ということの足腰が鍛えられることによって、初めて「自分で考える」という営為が可能になります。

ビッグデータを解析して、何らかの判断を下すことも「考える」ことのひとつのバリエーションかもしれませんが、人間が「考える」こととは決して同一ではないでしょう。演算は合理性や効率から導き出されるものですが、人間が「考える」ということには、非合理性や非効率的な沃野もあるからです。

そして読むということは、単に、文章を読むことだけではありません。

僕が敬愛する時代小説家の池波正太郎先生（1923-1990）は、若い頃、日比谷公園のベンチに一日座って、公園の様子を観察し、それを文章化することを修行のひとつとしたそうですが、これも立派な「読む」ということと「書く」ということになるでしょう。池波正太郎先生は、この営為を通じて文章修行に取り組まれたといいますが、この能力は、人間が生きていくなかで必要不可欠な能力であると僕は考えています。

たとえば、眼の前で進行したことを報告しなければならないケースを考えれば、それは明らかなことです。先に理科の実験の観察ノートの話も出てきましたがこれも同じですよね。

学問において「読む」ということと「書く」ということは、文理を問わず必要とされる手続きです。

しかし、これは人間の「暮らし」においても必要不可欠な能力ではないでしょうか。

「読み書きそろばん」という言葉があります。読んで書くことができてはじめてそろばんという段階に至ると理解すれば、ＡＩ云々の前に取り組まなければならない課題があるのではないでしょうか。


さて、「読んだり、書いたりする練習を繰り返すことの大切さは指摘されるまでもなく理解しているのですが、そのうえで何か秘訣はありますか?」などとよく聞かれます。

僕が一番おすすめするのは、やはり、「読書ノート」をつくることでしょうか。

「読書ノートとは、読んだ本について記録するノートのことです。読んだ本をまとめるなどと聞けば、私には無理と尻込みされそうですが、日付やタイトル、それから一言の感想だけでも十分です。大切なことは、まずは本を読むこと、そしてそれを記録することです。そしてその継続が価値を生みます。気負わず始めてしまえばしめたものです。

読書は充実した人間を作り、会話は気がきく人間を、書くことは正確な人間を作る。それゆえ、ほとんど書かない人は、強い記憶をもつ必要があり、ほとんど会話しない人は、即座にきかす気転をもつ必要があり、ほとんど読まない人は、知らないことを知っているように見せる多くの才気をもつ必要がある。

出典：フランシス・ベーコン（渡辺義雄訳）『ベーコン随想集』岩波文庫、１９８３年。

近世イギリスを代表する哲学者で政治家としても活躍したのがフランシス・ベーコン（１５６１－１６２６）です。「知識は力なり」という有名な格言で知られる通り、人間は、知識を武器として自然や社会をコントロールできるとベーコンは説き、学問は人類の福利を増進できると考えました。

確かに「知識は力」として人間の幸福を増進させるきっかけとなり得ますが、諸刃の剣という言葉がある通り、時としてそれは、人間の不幸を招くのも事実です。ですから、ベーコンの知識主義は、少々楽天的な感があります。ただし、迷信や習俗によって世界の仕組みを理解したり、人間社会を理解するのではなく、正しい知識で理解を深めていこうというベーコンの姿勢は、自然科学とも適合した極めて現代的なアプローチと評することができます。実際に、ベーコンは帰納法と実験を愛好し、理論と実践を結びつけようと試みました。

経験に学び、合理的に物事を考えていくベーコンのスタイルは、現代を生きる我々の基礎となる人物像と言えます。そんなベーコンは、「読む」ことや「書く」ことといった能力を、右に紹介したように考えました。ベーコンの考え方自体は、正鵠を射たものので、補足する必要はありませんが、注目したいのは、後半部分の皮肉です。

読書をするよりも「知らないことを知っているように見せる多くの才気をもつ」だとか、会話の力を身につけるよりも「即座にきかす気転をもつ」とか、書くよりも「強い記憶をもつ」ことの方が、面倒臭い気がしますがいかがでしょうか。そんな面倒なことを試みるよりも、読書に親しみ、会話を楽しみ、書くことに精を出す方が充実した人生が送れるのじゃないかなあと僕は思うのですけれどもね。

03 恵まれた環境が思考や創意工夫の力を奪っているとすれば

以前、同僚の自動車のバッテリー充電のお手伝いをしました。初めての経験です。私たちは自分でやらなくても済んでしまう些事に囲まれて生活していますが、たとえばパソコンではなく、手書きでやってみることで見えなかった問題が浮き彫りになることってありますよね。

ブレークスルーのヒントはそこにあるのかもしれません。

■ 車のバッテリー交換を手伝う

「ウジケさん、ちょうどよかった！　ちょっと手伝って！」

深夜、仕事を終え帰宅しようとすると、職場の同僚から駐車場で声をかけられたので、

ちょっと様子をうかがうと、

「バッテリーがあがったので、ちょっと手伝って」

ということで、社用車のバッテリーと同僚の自動車のバッテリーを接続させてちょっと充電するお手伝いをしました。はじめての経験です。

結局、カラッカラッに干し上がった大型車のバッテリーを満たすことはできず、その日は家族に迎えにきてもらったようなのですが、翌日会うと、

「今日、バッテリーを買って、早めに来て交換したのでもう大丈夫です。昨日はありがとう」

とのことでした。

車のバッテリーってホームセンターの類いで購入して、自分で交換できるんですね。ちょっと驚きました。

僕は自動車を運転しないので委細は承知しませんが、ロードバイク生活者として、自転車のチェーンの交換を自分でやるような感覚なのでしょうかね。

■自動車のバッテリー交換と「隣が外国人」

最近、興味深く読み終えたのが、室橋裕和さん（1974－）の『日本の異国』（晶文社）という書籍です。「在日外国人の知られざる日常」に関するルポルタージュで、インドやミャンマー、フィリピンやモンゴル等々、「日本の中にある異国」を訪ねたルポルタージュです。

外国人の手を借りなければ、社会はもう回らなくなっている。で、あるなら、彼らがどんな人々であるのか知った方がストレスは小さくなるに違いない。そして外国人にもまた、日本について知ってほしいと思うのだ。

出典：室橋裕和『日本の異国　日本の中にある異国』晶文社、2019年。

「これからぶつかりあいを何でも経験して、日本もようやくグローバル化とやらの時代に入っていく」以上、「隣が外国人」は日常であり、まず知ることから始めるほかありません。その意味で、室橋さんのこのルポルタージュは、最上の水先案内になると思います。

さて自動車のバッテリー交換と「隣が外国人」がどうして接続するのかなどと訝しがられているかとも思いますが、少々お待ちください。

この書籍では、モンゴルからの留学生たちの声が紹介されていますが、たとえば「専攻は機械工学だった。さらに大学院に進み、卒業後は某重工業企業に就職を果たす。日本人なら誰でも知っている超大手」、あるいは「大阪大学で化学を修めたあとは、経営学を学ぶために埼玉大学に編入。いずれ起業したい」と言う彼らは、「意識も能力もあまりに高いモンゴル人留学生たち」です。

■「恵まれた環境がむしろ思考力や創意工夫の力を奪っている」のかも

そんな彼らの言葉をバッテリー交換から思い出したのですが、それが次のものです。

「僕たちは機械工学を専攻しているわけですよ。ものづくりの専門です。でも同級生には自転車のパンクを直せない人さえいたんです。

いや、直せないというより、やってみようとしない。人に任せるのが当たり前というか。モンゴルの男は、まず自分でどうにかしてみようと考える。それはたぶん、昔の日本人たちも同じだったと思うんです。物が乏しいぶん、なんでも自分の力で乗り越えなくちゃならなかった」

出典：室橋裕和、前掲書。

モンゴルに比べれば日本の生活環境は格段に快適で豊かなものかもしれません。しかし「恵まれた環境がむしろ思考力や創意工夫の力を奪っている」と言っても過言ではありません。

確かにバッテリー交換ぐらいは、ディーラーへ行けばものの数分で終わりますし、自転車のパンクもサイクルショップで一瞬で終わります。

しかし、その手作業や試行錯誤のなかに、ひょっとすると、停滞した時代を突き抜けるブレークスルーのヒントが埋まっているのかもしれません。

僕自身、この原稿もパソコンで書いています。しかし、同時に、万年筆での手書きも大切にしています。パソコンで仕上げるのは便利なのですが、その前の準備には手作業が欠かせません。そうした手作業、手感覚のなかに、何か見落としていたものがあるのではないかと最近、つくづく考えさせられています。
ただ、僕は自動車には乗らないので、自動車のバッテリー交換は、この後の人生においても経験することはまれではないかとも考えています。

哲学の小径

昼はお弁当などを買うのですが、夜は自炊と決めていました。森に入って木を集め、焚き火から始めます。慣れない最初のうちは、火をつけることができません。バーナーや着火剤は使わず、マッチからチャレンジするのですが、なかなか木まで着火しません。火おこしは人間が生きるのに必要な力です。その原始的なことすらもできないのは非常に惨めでした。

出典：高坂勝『減速して自由に生きる』ちくま文庫、2014年。

東京で仕事をしていた時のことです。仕事に励むことに価値を見出すことは非常に有益だと感じつつも、何か自分の外にある価値に踊らされているような違和感というものを時々覚えていました。

もちろん、それは東京でなくても同じです。つまり、誰かに煽られるように仕事に取り組み、成果を出すように強要され、朝から夜遅くまで働くことへの違和感とでも言えばよいでしょうか。

たくさん働けば働くほど、それは賃金に反映されますから、悪いことではないのですが、いったい、僕は何のために働いているのだろうかと時々疑問に思うことがありました。働きすぎて体や心を壊してしまう友人もたくさんいました。

「嫌なら辞めちゃえば?」

なんて言うのは易しですが、そう単純に決断できないのが私たちの暮らしです。

もちろん、環境や条件の改善は必要不可欠ですが、時々「何のために働いているのか」を点検しないとわけが分からなくなってしまうのではないかと僕は考えています。

さて、はじめに引用したのは、「経済成長を追い求める」会社を辞め、「小さく自営し、人と交流し、やりたいこと」をやり続ける選択肢を選んだ元エリートビジネスマン高坂勝さん（1970-）の手記からの一節です。

仕事を辞め、次の挑戦に向けたリセットのために、まずは日本中をさまよってみたそうですが、そこで発見したのは、「火おこしは人間が生きるのに必要な力です。その原始的なことすらもできない」現実でした。

「火起こし」する必要のない快適な暮らしそのものが、私たちの人間としての自由や創意工夫を奪っているのは事実かもしれませんよ。

04 「学校の勉強は一切役に立たない」のか？

「学校の勉強は一切役に立たない」とよく言われていますが、これほど事実とは異なる社会認識はないと僕は考えています。人間、死ぬまで勉強ですが、その基本を形作るのが学校の勉強であり、学校を出てからも、楽しく学ぶことはできるものです。その秘訣をちょっと考えてみました。

■「学校の勉強は一切役に立たない」のか？

いわゆる高等学校までの学校教育に問題が全く無いと言い切ることはできませんが、それでもそこで学んだことの「一切は、社会に出ても役に立たない」なんて言われてしまうと、「ちょっと待って下さい！」と言いたくなってしまうのは僕一人ではないでしょう。

たとえば、微分積分への卓越した理解が、その人の昇給に「直ちに影響を与える」のか問われれば、即答することは難しいのは事実です。しかし、「微分する」とは、簡単に言えば変化する量の割合を求めることですから、微分に関する正確な理解があってこそ、仕事や暮らしが正確に遂行されるのも事実です。

また、漢字の読み方、あるいは言葉に対する精緻な理解があってこそ正確なコミュニケーションは成立するわけですから、「学校の勉強は一切役に立たない」という言い方はちょっと乱暴すぎると僕は考えています。

加えて、教科書を通じての概念や物語との出会いが、見知らぬ世界への扉を開き、人間の知性と良識を豊かにしていくことも、疑わざる事実ですから、「学校の勉強は一切役に立たない」と考える人というのは、学校でいったい、何をしてきたのか、かえって聞いてみたいものです。

■ 教科書や学校で学び、そして「飛び出せ」

リチウムイオン電池の研究で2019年にノーベル化学賞を受賞した吉野彰さん（1948－）さんは、小学生のとき、担任の教員に紹介されたファラデー（1791－1867）の古典的な名著『ロウソクの科学』との出会いが研究者への端緒を拓いたと語っています。

小学四年の時、担任の女性教諭との出会いが、吉野彰さんの偉業の原点となったという。薦められた英国の科学者、ファラデーの著書「ロウソクの科学」。なぜ燃えるのか？　炎の色が異なる理由は？……。誰もが浮かぶ素朴な疑問に対して、子どもでも分かりやすく解説した内容に引きこまれた。

出典：「ノーベル化学賞　少年期の『なぜ』原点　教諭との出会い　科学の魅力知る」、『東京新聞』2019年10月10日（木）付。

吉野さんのエピソードは、少年少女たちにとって教科書や教室、そして教師との出会いが、非常に重要なことだと物語っています。教科書に掲載されている文学や評論、あるいは教室で出会った実験、そして教師から聞いたエピソードや教えてもらった書籍が、大きく人生を開いていくということです。

学齢期であっても、あるいは、卒業してから後にそのことを振り返っても、教科書や学校、あるいは教師に対してノスタルジーはあったとしても、その「学習」に楽しい思い出のある人は、そう多くはいないとは理解しています。

しかし、それでもなお、吉野さんのエピソードは、教科書や教室、教師との出会いがかけがえのないきっかけになることを私たちに伝えています。

ただし、教科書や教室だけに「留まってしまう」のは少しだけもったいないかもしれません。吉野さんがそうであったように、自分自身で、教科書から「飛び出してしまう」ことができれば、それはプラスアルファになりますよ。

■ 暮らしと学問の接続

物事には、基本と応用というステージが必ず存在します。接客や機会的操作にしても、最初はやり方を徹底的に叩き込まなければ、その応用というものは不可能です。教育という問題に注目すれば、学校教育は物事の基本であり、卒業後はその応用ということになるでしょう。

その意味では、教育とは学校に在籍している「時」だけに自分になされるものではなく、死ぬまで続いていく営為と捉えることができるのではないかと僕は考えています。学校に行けなかったことが恥ずかしいことではなく、学び続けることができないことこそ恥ずかしいことであるとも考えています。

しかし、学びと聞くとどうしても尻込みしてしまうのも事実です。では、暮らしのなかでどのように楽しく学んでいくことができるのでしょうか？

ちょっとしたヒントが、『朝日新聞』の「声」の欄に投書されていました。「この時期、センター試験や高校入試などの試験問題が紙面に掲載されると、ワクワクしながら、国語だけ挑戦している」という80代の女性からのものです。

21日の「天声人語」を読んで感激でふるえた。今年のセンター試験に出題され、私が解答に苦戦中だった原民喜の「翳」について書かれていたからだ。試験で引用された一節では、人なつっこい魚屋の青年が作者の妻と交流し、戦争で旧満州に渡って病気になり、なくなる経過が描かれていた。

設問を解きながら、「翳」全文をゆっくり読みたくなった。

出典：「声　入試の国語問題　ワクワク挑戦」、『朝日新聞』2020年1月30日（木）付。

「なお、私の正解率はだいたい6割前後だ」とこの女性は謙遜していますが、入試問題をパズルのように解いてみるのは、学校での勉強より楽しいひとときになるのではないでしょうか。そして、そこで出会った作品や概念を「ゆっくり読みたくなった」らしめたものではいかと僕は考えています。これこそが暮らしと学問の接続ですよね。

即効性と非即効性の違いは、たとえて言うなら、小さいやかんと大きなやかんの違いです。小さなやかんはすぐにお湯が沸くので便利ですが、すぐに冷めてしまいます。一方大きなやかんはお湯が沸くまでに時間がかかるけれど、いったん湧いたお湯はなかなか冷めません。どちらがより優れているというのではなく、それぞれに用途と持ち味があるということです。

出典：村上春樹『職業としての小説家』新潮文庫、平成28年。

ここでは、学校の勉強の意義を考えてみましたが、そこに積極的な意義を見出すことのできる方は、残念なことにほとんどいないのではないかと思います。なぜなら、デフォルトでは、意義を見出しにくい構造になっているからです。そこから生きる力や価値を引き出すには、ちょっとしたコツが私たちの側で必要になります。

では、何が、学校が喜びの源泉となることへの障害となっているのでしょうか？

両親が教員だったという作家の村上春樹さんは、「学校というものが僕は昔からわりに苦手でした」と言います。その理由は「この国の教育システムは基本的に、個人の資質を柔軟に伸ばすことをあまり考慮していない」ことだと指摘します。

キーワードは、「即効性」です。即効性ですべてが制度設計された教育現場は、多様な個性を育むことができません。要するに、受験に焦点を合わせた数値重視と機械的な暗記の即効性の教育システムという問題です。

村上さんは、高校生の頃から好きな小説を英語で読み、のちには翻訳家としても活躍しますが、学校での英語の成績は振るわず、「年号や英単語を機械的に頭に詰め込んで、それが先になって自分の役に立つとはあまり思えなかった」と語ります。学校はためになったと思うよりも、こうした気持ちを抱く人は多いですよね。

村上さんの比喩を借りれば、数値重視と機械的な暗記を特色とする「小さなやかん」は、確かに「すぐにお湯が沸くので便利」です。しかし、「年号や英単語」から価値や意味を汲み出すには不向きですよね。小さなやかんだけでなく、大きなやかんの側面も教育現場には必要だと僕は考えています。

05

獅子舞に関する一考察

日本社会の同質性は美徳のひとつとして称賛されますが、果たしてそうでしょうか？　みんなが同じであることは確かに効率がよいのですが、裏返せば異質性の排除を招来してしまうのも事実です。だとすれば、日本社会のデフォルトというものは、寛容とはほど遠い社会のあり方ということになります。

しかしみんなは同じでしょうか？　獅子舞を見ながらそのことを考えてみました。

■ 日本社会の同質性とは果たして称賛されるべき美徳なのか

日本人論のほとんどが、その美徳として注目するのは、日本社会の同質性というものです。みんな同じような行動をしたり、同じように考えたりすることで、社会が効率よく運営されるという指摘です。そのことで喧嘩をすることもなく和気あいあいとやっていけるという自画自賛も多分に含むものですけれどもね。

安易に東西対立を持ち出すことには臆病でなければなりませんが、それでも、その背景には、宗教や文化的事象をめぐっての「譲り合い」のできない対立を前に、「みんなが同じである」ことをアドバンテージとして創造されたひとつの神話という側面があるのではないかと僕は考えています。つまり、同質であることが、あたかも寛容な社会であるかのように錯覚させているということです。

殴り合いの喧嘩や果し合いを行うほど「譲り合い」のできないことは褒められたことではありません。

しかし、同質であることが寛容であるということを担保するのでしょうか？

この日本社会における同質とは何かと問えば、それは実際には、お互いが異なる人間であることに対して「目をつぶる」という「譲り合い」の偽装ではないかと僕は考えています。

要するに、お互いが異なる他者であることを相互に尊重することではなく、誰かが設定した「同じ」であることにすべての人々が進んで合わされてしまうことがその実態であり、異なることを尊重し合う寛容とは程遠いということです。こんな錯覚の方こそ、危険かもしれません。

「みんなが同じ」であるという前提からスタートしてしまう以上、そこには同じであることの妥当性や異質であることの非妥当性を検討する対話も議論も存在しません。とにかく同じでなければ排除だけされてしまうというのがその中身です。いじめや在日外国人に対するエモーショナルな排外主義的認識がその証左ですよね。「村八分」という言葉もその象徴です。

■日本社会が偽装する寛容さの正体としての同調圧力

本音では、「そうじゃない」と思っていたり、あるいは、「その考え方はおかしいのでは?」と思っていたりしつつも、それを告白したり、異議申し立てすることを躊躇させてしまう圧力を、「同調圧力」と呼びます。

要するに、同じように振る舞い、考えなければ、あるいは考えているフリをしなければば村八分にされてしまいます。ですから本当はどのように考えていようが「同じです」という振る舞いをこなしてしまうライフスタイルが日本社会の同質性の正体ではないでしょうか。

よく、ありますよね。特に、立場が上のものから「お前もそう思うだろう。そうだよな」と言われて、「ですよねー」というような構造です。

同調圧力とは異なりますが、世の中にはドレスコードというものがあります。たとえば、葬式には喪服というそれです。葬式に真っ白いドレスで参列することは、人間の自由とはほど遠い軽挙妄動です。そしてそれはお互いが同じではない異質なあり方を尊重する態度と同じではありません。

しかし、「お前もそう思うだろう。そうだよな」と言われて、「ですよねー」という図式は、人間の自由や、お互いの個性を尊重するという寛容とは程遠いあり方です。

■ 獅子舞を見ながら考えたこと

「同じでなければならない」という圧力は、確かに社会生活を円滑に動かしていくうえでは便利かもしれません。

しかし、社会という個人の共同生活は、個々人の尊厳や安全を確保するために生まれたものである筈ですから、個々人の尊厳を犠牲にする社会というのは、そのあり方が反省されてしかるべきです。個々人の尊厳や安全のために創出された共同体が、個々人の犠牲のうえに成立するとすれば、それは唾棄されてしかるべき状況なのではないかと僕は考えています。

社会を運営するうえで「同じである」ことは便利だとしても、便利であるから犠牲になれと言われるのは、少し辛いものがありませんかね。


しかし、最近、考えを改めていることがあります。

確かに日本社会の強制された同質性は知らないうちに身体化された生－権力としての矯正として機能しておりますが、果たしてみんなは本当にすべてが同じであるように振る舞い、生きているのか、少々疑問も湧いてきています。

要するに、90％ぐらいは、身体化された規律として同じであるとしても、同じでない部分も、それをそうであると自覚していないだけで多々存在するのではないかということです。要するにお互いに異なり合っているのに、そのことに気がついていないだけであるということ、そして異なり合っているのに共生できているという事実です。

秋の讃岐路は、獅子舞真っ盛りの季節です。先日、初めて「獅子舞」を「通し」で見ました。ひとつの舞は5〜10分ぐらいのものでしたが……聞くところによれば、最後にムラのヤシロに集まっての舞はもっと長いそうで、けっこうしんどいと聞きます。グループによって獅子の顔付きや舞に違いがあり、ちょっと勉強になりました。

さて、獅子舞は全国各地に散見される習俗ですが、それに対する考え方は千差万別ではないでしょうか。つまり、獅子舞に命がけで熱中してのめり込む人もいれば、それに命をかけることをくだらないと考える人もいると思います。

しかし、獅子舞に対する考え方が異なろうとも、お互いを尊重しながら生きていくことは不可能ではありませんよね。

会社の同僚に前者の人がいい、僕自身はどちらかといえば後者に該当します。しかし、その立場の違いが原因となり、お互いを殺し合おうとはしていません。むしろ普通に関わり合って生活しています。

では、お互いに異なるにも関わらず殺し合いへと発展しない原因とはいったい何でしょうか？

それは、「獅子舞に命をかけろ」あるいは「命をかけることはくだらない」という考え方を相手に強制しないことです。だとすれば、「同じである」ことを強制することこそ、寛容とほど遠いあり方のように思われてしまいます。

哲学の小径

単純なアイデンティティが存在しないように、単純な解決策があるはずがありません。世界は複雑な機械なのであって、ドライバー一本あれば分解できるような代物ではないのです。だからといって、観察すること、理解しようと努めること、思索を深めること、議論すること、時には具体的な思考の道筋を提示することを諦めてはいけません。

出典：アミン・アマルーフ（小野正嗣訳）『アイデンティティが人を殺す』ちくま学芸文庫、2019年

集団への帰属意識は、他者に対する恐怖や殺戮へと帰結するのは歴史の証明するところですが、「世界がジャングルのままであることを避ける」ためにはいったい、何が必要なのでしょうか？

レバノンで生まれ、母語はアラビア語のキリスト教徒で、フランスに長く在住している作家アミン・アマルーフ（1949－）がこの難問と格闘したのが、『アイデンティティが人を殺す』です。

集団への自らの帰属欲求は時として他者によって強制され、唯一のものと錯視されてしまうもの。複数のアイデンティティの境界で生き続けてきた著者は、それに囚われ続けるのではなく、飼いならすことが必要と説きます。

誰かを悪魔とみなし、多数派が少数派を踏みつける不幸が世界中で蔓延している現在だからこそ、その無意味さに抗う観察・理解・思索、そして具体的な取り組みが必要です。

06 身体化される言語と、身体化を拒む言語

職場で時々英語を使うのですが、話し言葉として英語を使うことはやっぱり場数が大切ですね。「ｃｏｕｌｄ」と「ｍａｙ」を使い分けることは社会人として「かしこまりました」を身体化させることと同じです。

しかし、身体化させる言葉と違う言語運用もありますよね。それは外国語だけに限りません。それをどのように修練させていくのかが課題かも……なんて考えてみました。

■「ウジケさん、出番です」

職場で毎度毎度、外国人の方との応対になると、

「ウジケさん、出番です」

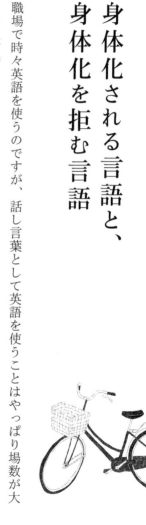

となってしまいますと、その局面で必要とされる英会話のスキルは上達するものです。別に、僕が願っているわけではないのですけどね。まあ、願っているとすれば、現在の職場は「英語必須」などのフレコミではありませんでしたので、それぐらいちょっと上乗せのほしいところです(笑)。

さて、僕は英語は苦手ではありません。

基本的には「読む」「書く」「聞く」という日常生活レベルのスキルには全く問題がありません。しかし、機会がないために積極的に「話す」というそれが後回しになってしまったのは事実です。それでも、シドロモドロで応対しながらも、話すというよりも話さざるを得ない機会が増えてしまうと、格段にスキルアップしてしまったことには驚きます。

英語とは長い付き合いで、高校生から大学の学部生にかけての頃にもっともリソースを注いだ語学ですが、長じてからのちは、最新の哲学・思想、あるいは神学の動向をキャッチアップするためだけの利用で、ほかの諸言語に比重をおいたため、後回しになったのが事実です。

しかしながら、ここにきて、再び、高校生の自分を想起させるほど、英語を勉強していることには、我ながら驚いてしまいます。受験云々といった利害関係から自由になって一から勉強し直すと楽しいものですから、おすすめです。

しかし、再び英語を細かく勉強し直しながら確認できたこともあります。

それは、思考と一体化したものである書き言葉と、その発話プロセスとの乖離という現象です。

これは、英語だけに限定される問題ではなく、母語の問題としても同じなのですが、要するに、ゆっくりと考えながら思考のプロセスとして言語を表出することと、機械的な「やりとり」としての言語運用には、ちょっと断絶があるのでは、という話です。

■「かしこまりました」あるいは「承知しました」と「could」あるいは「may」

ゆっくりと考えながら思考のプロセスとして言語を表出することのアウトプットというものは、やはり書き言葉ということになります。

それに対して機械的な、それは場数を踏んだ修練の積み重ねという問題になりますが、アウトプットは、話し言葉ということになります。

このように、それが母語であれ、外国語であれ、自身が運用するにあたっては、大いに違いがあるのではないかということを突きつけられています。

美しい文章を書く能力、あるいは適切な言語応対ができるという話ではありませんが、論理的な文章を書くことができるのかどうかということと、きちんとした日常語と敬語を使い分けることが自然にできるのかということでは、使っている能力に違いがあるのではないかということです。

たとえば、お客様との応対において、「おまえ……」と言うわけにはいきませんし、「かしこまりました」という一言が自然に出てくるためには、関係代名詞を使った文章を書いたり、あるいは読んだりする能力はまったく関わりありません。それは母語であれ、外国語であれ同じですね。

それを、いま、修行させられています。しかし、理解してしまうとそれはそれで早いものです。

接客では「could」と「may」をもっとも多用してしまい、何か自分らしくない外国語「学習」を繰り返す毎日で、その違和感が刺激になっています。

■ 身体化された言語運用と身体化を拒む言語運用

物事を咀嚼するように考え、そしてそれを表現することや、その経過を読み理解することと、日常生活でのやりとりとして無意識に発話することとの乖離に、ちょっとした言語運用のふたつの異なる側面を見出してしまうのは、僕だけではないかもしれません。

そして、そう感じている人が多いのではないかと思いつつ筆を進めてみるならば、きちんと「かしこまりました」と自然に出てくることと、「could」と「may」を使いわけて生活することは、そんなにハードルの高い問題ではないのかもしれません。

繰り返しになりますが、要は場数を踏むこと、そしてそれを無意識的、あるいは、血肉化させたものとして刷り込ませていく修行だけしてしまえば済む問題ということになるからです。

それは日本語話者がきちんとした接客用語を覚えてしまい、自然に出てくるように修行してしまえば済む問題であり、その日本語話者が英語を使うにあたり、「could」と「may」を普通に使い分けることも身体化させてしまえば済むのと同じことです。

しかし、問題は、それがきちんと言語を運用することとイコールになるのかといえば、僕としてはそれだけではないと言うほかありません。

それが容易にできたとしても、人間の思索の複雑な軌跡を理解することや、自分自身のそうした軌跡を表出することの能力とはまったく異なるからです。

この二律背反を超克していくことが本質的には言語を身につけることになってくると僕は考えているのですけど、はてさて、どうでしょうかねえ。

哲学の小径

外国に行くとよくわかるのだけれど、ろくに言葉が通じなくても気の合う人間とはちゃんと気が合うし、どれだけ言葉が通じても気の合わない人間とはやはり気が合わない。これはもう自明のことなのだが、今の日本の圧倒的な英会話フィーバーの渦中では意外に忘れられているような気がする。会話にはもちろん技術が必要だけれど、まず自分という人間の手応えというか存在感がなければ、それはただ構文と単語の丸暗記に終わってしまう。そしてそういう会話力はどれだけ意味が通じてもそれより先にはまず進まないし、そういうタイプの広がりのない会話力を僕は全然好まない。

出典：村上春樹「ＣＡＮ ＹＯＵ ＳＰＥＡＫ ＥＮＧＬＩＳＨ？」、村上春樹『村上朝日堂　はいほー！』新潮文庫、平成四年。

村上春樹さんは、海外での滞在の長い作家さんで、英語でスピーチをされたり、翻訳をたくさんされていることでも有名です。僕が体験した言葉の問題の本質を、村上春樹さんがズバリと指摘しているのが「ＣＡＮ ＹＯＵ ＳＰＥＡＫ ＥＮＧＬＩＳＨ？」というエッセイです。

村上さんによれば、「会話にはもちろん技術が必要だけれど、まず自分という人間の手応えというか存在感がなければ」ただの「丸暗記に終わってしまう」とのことですが、確かに英語を使いこなすだけの技術を十分に身につけただけでは、内容のあるコミュニケーションは成立し難いものです。

つまり、言葉の技術は高くても、その言葉によって担われるコンテンツといったものがなければ、意義あるやり取りは成立しません。会話の技術だけが存在し、「自分という人間の手応えとか存在感」がなければ、通訳はできても、一個の人間対人間のコミュニケーションは難しく「そういう会話力はどれだけ意味が通じてもそれより先にはまず進まない」と僕も確信しています。

確かにお互いのコミュニケーションを成立させるためには、母語であれ外国語であれ、単語を覚えたり、文法を血肉化させることは必要不可欠です。

しかし、その言語によって担われる人間というコンテンツ、それをより具体的に言えば、教養だとか、自分自身でそれを検討した考える力といったものがなければ、ただ技術が実在しているだけということになってしまいますよね。だとすれば、極端に聞こえるかもしれませんが、それは精度の高いGoogle翻訳と何ら変わらないと言ってしまえば、言い過ぎでしょうかね。

07 どういう人間像をスタンダードにすべきなのか

ビジネス書を参照すると、仕事のムリやムダは、人間が過ちを犯しやすい生きものであることを無視することで生まれてしまうようです。

ひょっとすると社会を息苦しいものにさせたり、しんどいと感じさせていることも同じことが原因ではないでしょうか。

■ 仕事の問題に向き合ってみる

いわゆるビジネス書の類いはほとんど読まないのですが、現実に仕事の進捗をスムーズにさせたり、あるいは仕組みを仕切り直す必要性に駆り立てられて、最近、ひもとくようになりました。

もちろん、僕の読書する書籍の内訳としては、かなり低くなりますが、それでも2、3冊読んでみると思わぬ発見や即戦力として役立つTIPSと出会うことがあり、驚いています。そして、その驚きは、人間はどこからでも学ぶことができるということを物語っているのではないかとも考えています。

最近、読んで大いに啓発を受けたのが、沢渡あまね『仕事の問題地図』（技術評論社、2017年）です。

「成功談は疑心を呼びます。失敗談は共感と信頼を呼びます」――。

副題は〝「で、どこから変える?」進捗しない、ムリ・ムダだらけの働き方〟ですが、現職の問題を洗い直すうえで非常に有益な一冊となりました。

僕自身の学びとなったのは、人間は過ちを犯しやすい生き物であるという認識から沢渡あまねさん（1975－）は出発することです。この認識がないビジネスは、必ず「進捗しない、ムリ・ムダだらけの働き方」になってしまうと言います。

■ 何がムリ・ムダだらけの働き方を招くのか？

しかし、いったいなぜ、「私たちの仕事はなかなかうまく進まないのでしょうか？最後まで走りきれないのでしょうか？」。

著者の沢渡さんは、仕事に対する2つの前提条件を無視していることが原因だと指摘しています。

①仕事は生きものである
②私たちもまた生きものである

出典：沢渡あまね『仕事の問題地図』技術評論社、2017年。

まず、①からですが、社会は常に変化し続けるように、仕事自体も変化し続けます。慣例と前例主義が、変化を考慮しないムリやムダを生み出していることは多々あります。その障壁に気づかなければ、社会は停滞してしまいますが、仕事も同じです。

変化を無視すればするほどリスクも大きくなりますが、それは生きものである社会や仕事を「殺そう」としてしまう無知蒙昧と言ったら大げさですかね。

無知蒙昧さと聞けばちょっと大げさでは？　と指摘されそうですが、ハンナ・アーレントの「悪の凡庸さ」を引照すれば、その消息はたちまちに理解できるのではないかと僕は考えています。

次の②はもっと深刻です。社会や仕事が生きものであるだけでなく、その主体である人間そのものが生きものであるという点に注視する必要があります。

仕事を行うのは人間です。人がやっている以上、完璧はありません。たとえば、「し忘れ」「やり漏れ」は、なかなか無くならないですよね。忘れていなくても、目先の仕事に追われて、重要な仕事なのについつい後回しにしてしまうこともあるでしょう。

それはなぜでしょうか？

「だって、人間だもの」

出典：沢渡あまね、前掲書。

要するに、過ちを犯しやすい人間が仕事をし、暮らしを営み、そして社会を形成しているわけです。その仕組みとして「人間は完璧に仕事ができる」という認識あるいは「人間とは完璧な強い生きもの」式な態度で望んだ場合、必ずどこかで破綻をきたしてしまうと著者は指摘しますが、この事実を認めない限り、仕事や暮らし、あるいは社会がうまく回転するはずがありません。

■ 過ちを犯しやすいのが人間である

過ちを犯しやすい人間が仕事をしていることを認識の出発点としない限り、仕事には必ずムリやムダが生まれてしまいます。

たとえば、仕事で失敗することはあまり褒められたものではありません。しかしそれが「失敗は恥だ」という文化になった場合、失敗を話したがらない風潮を生み出し、失敗から学ばない組織を作り出してしまいます。

具体的に言えば、失敗の隠蔽や失敗という情報共有の喪失は、立ち止まらない、振り返らない構造となり、最終的には何が成功で何が失敗なのか分からなくなってしまいます。これで仕事がうまくいくわけがありませんよね。

人間らしさに向き合わないマネジメントは、やらされ感しか生みません。
人間らしさに向き合うマネジメントは、主体性を育みます。

出典：沢渡あまね、前掲書。

仕事が生きものであるように、私たちの生活するこの社会も生きものです。社会が息苦しく感じる、あるいはムリを強いていることを強く感じることがありますが、ひょっとすると、原因は同じかもしれません。

僕が最近注目しているのは、日本社会のスタンダード、あるいは社会の人間理解のモデルは、常に「強い人間」をモデルとして形成されているのではないかという点です。分かりやすく言えば、子どもや女性、あるいはハンディキャップを持つ人間を人間像のデフォルトとするのではなく、マッチョな強い人間像、あるいはリーダーシップを発揮する強い男性像のようなものが人間像の標準として位置づけられているのではないかということです。

そうしたマチスモ的な人間像に対する異議申し立てがちらほら見え始めましたが、それでも、強い人間が人間像の標準として想定され、社会が作られているのが現状ではないでしょうか。それが息苦しさの原因を招いているのではないかと考えています。

しかし、人間とは過ちを犯しやすい生きものであり、モデルとされている男性についても必ずしも「強い」「完璧な」人間ではありません。

だとすれば、仕事と同じように、その「人間らしさ」を認めた上で、制度設計し直すべきなのではないか、と思うのですが、いかがでしょうか?

ちょっとしんどいよね。あるいは、失敗が二度と許されない社会って息苦しいよね。というような言葉が憚られるのではなく、その原因を見出し、そして緩やかにスライドさせていくことこそが今必要であると僕は考えています。

哲学の小径

人間はひとくきの葦にすぎない。自然のなかで最も弱いものである。だが、それは考える葦である。彼をおしつぶすために、宇宙全体が武装するには及ばない。蒸気や一滴の水でも彼を殺すのに十分である。だが、たとい宇宙が彼をおしつぶしても、人間は彼を殺すよりも尊いだろう。なぜなら、彼は自分が死ぬことと、宇宙の自分に対する優勢とを知っているからである。宇宙は何も知らない。だから、われわれの尊厳のすべては、考えることのなかにある。われわれはそこから立ち上がらなければならないのであって、われわれが満たすことのできない空間や時間からではない。だから、よく考えることを努めよう。ここに道徳の原理がある。

出典：パスカル（前田陽一、由木康訳）「パンセ」『世界の名著24 パスカル』中央公論社、1967年。

ここではどういう人間観をデフォルトにした方が、人間が社会のなかで快適に生きていくことができるのか少々考えてみました。強い人間像を人間観の標準にしてしまうと、息苦しいミスの許されない社会になってしまいますが、そういう風潮が強くなりつつあることを僕は懸念しています。

さて、人間観について、もうひとつ別の角度から検討を加えていこうと思います。

人間観とは、「人間とは、〜である」という人間を定義する営みになります。しかし、この人間を定義するという営み自体が実はかなりやっかいな問題をはらんでいます。

「〜」にいろいろなキーワードを入れて定義することは、簡単です。

たとえば、「人間とは、知性的な生き物である」だとか「人間とは、言葉を使う動物である」など、いくつでも思い浮かんでくると思います。これら2つの言葉は、ともにアリストテレスの人間の定義です。

しかし、いったん定義されてしまうと、問題はその後に起こります。つまり定義からはずれる存在を排除してしまう可能性を生み出してしまうのです。

たとえば、「人間とは、知性的な生き物である」ことは確かにそうですが、そう言われてしまうとその言葉は「知性的でない人間は、人間ではない」という考えを必然させてしまいます。ここが定義の恐ろしさです。

人間とは多様な生き物です。しかしひとつに定義されてしまうと、それ以外のあり方というものを排除してしまいます。歴史的にも、支配と隷属の関係を正当化させる根拠となってきたのが、この人間の定義です。

もちろん「人間とは何か」という探求は哲学の最も大きなテーマですから、探求自体は必要不可欠なのですが、その運用と排除の暴力には警戒的であるべきです。

さて、パスカルの有名な言葉をはじめに紹介しましたが、ここに定義の暴力性を回避するひとつの知恵が含まれています。

「人間は考える葦である」というパスカルによれば、人間は、葦のように生き物としてはか弱い存在です。しかし、考えることにより「尊い」生き物でもあると指摘します。人間は悲惨であると同時に偉大であるというのがパスカルの基本的な人間理解です。注目したいのは、パスカルが常に対象を両義的に捉えようとしていることです。

確かに、アリストテレスが説くように、人間は知性的な生き物です。しかし同時に知性的に限定されない特徴も持ち合わせています。そしてそれは、それぞれが正反対の性質であることもしばしばです。たったひとつの属性だけを注視するのではなく、そこからこぼれ落ちようとするものをもすくい上げようとするのがパスカルの姿勢です。この両義的にものごとを捉える姿勢は、人間とは何かを理解するうえでは、欠かすことのできないことだと僕は考えています。

08 組織とはいったい誰のために存在するのか

最近、組織のあり方を問う『ティール組織』という著作を読みました。人類の歴史を振り返れば、たったひとりの専制君主が恐怖をもって絶対的に支配する共同体から我々人類は出発し、徐々にその力を低下させていくという歴史をたどりました。対等な相互協調の組織の方が快適であると考えられるようになったのは、ごく最近のことです。

歴史を参照し、組織の未来を展望するなかで、ここでは、組織とはいったい誰のために存在するのだろうかと考えてみました。

■ ビジネス書からの学び

このところマネジメントやマーケティングの書籍ばかりひもといているのですが、最近読み終えたのが、フレデリック・ラルー（鈴木立哉訳、嘉村賢州解説）『ティール組織』（英治出版、２０１８年）です。組織マネジメントの歴史を振り返り、その未来、あるいは進化を展望する一冊で、僕としては非常に勉強になりました。副題の通り「マネジメントの常識を覆す次世代型組織の出現」を展望する一冊でしょうかね。

ところで、「ティール（Ｔｅａｌ）」とはいったい、何でしょうか？

「ティール」とは「青緑色」を表わす英単語で、それ自体にさほど意味はないのですが、「圧倒的な力を持つトップが支配する組織」を底辺とすれば、組織進化の最終形態をラルーはティールカラーで表象しています。

ラルー（１９６９ー）は、組織の進化過程を五つに分類した上で、それぞれのモデルを色分けしています。その中で、最も新しい組織モデルをティールと呼び、「目的に向かって、組織の全メンバーがそれぞれ自己決定を行う自律的組織」と定義しています。ティール組織は、上司が部下の管理を行わないなど、従来の組織マネジメントでは考えられなかった特徴を持っています。

■支配から調和協調への組織進化

ラルーは、組織進化を五つの段階に色分けしています。最も底辺に位置するのがレッドの「衝動型」組織です。「圧倒的な力をもつトップによる恐怖政治」がそれで、たとえば狼の群れなどが典型的な組織です。レッド組織は、現在にしか関心がありません。そのため衝動的な行動が多く見られます。

次の進化形態はアンバー「順応型」組織で、軍隊に象徴される「上意下達のヒエラルキー組織」です。政府機関や宗教団体、そして軍隊がそれに該当しますが、階級秩序が重んじられる組織は、変化に対して柔軟に対処するのが難しいことが多々ありますよね。

次はオレンジ「達成型」組織で、アンバーと同じく基本的な階級構造は持ちつつも、環境の変化に柔軟に適応できるように発展した組織です。現代の一般的な企業がそれに該当します。ここでは、効率や成果が重視されます。徹底的な管理は時として人間疎外を引き起こしてしまうのも事実で、その例証には枚挙の暇がないですよね。

そして現状での最新形態がグリーン「多元型」組織となります。人間らしさを喪失したオレンジ組織に対して、より人間らしくあることを追求した組織形態がグリーン組織です。協働・協力を理念に掲げるグリーン組織では、多様なメンバーのコンセンサス（合意）を重視します。しかし、意思決定プロセスが膨大となることがデメリットとなり、企業であればビジネスチャンスを逃してしまう可能性もはらんでいるとのことです。なんだかＰＤＣＡの弊害を見ているようですね。

■ 誰のために組織は存在するのか

では、組織進化の最新形態であるティール組織とはいったいどのようなものでしょうか。

ラルーは組織をひとつの生命体と捉えるのですが、これは組織のメンバーが自律的かつ調和的に働くためのメタファーとなっています。要は体の組織のように組織が働くとでも言えばよいでしょうか。ティールは独裁やヒエラルキー、あるいは会社組織に見られるような強力なリーダーを認めません。リーダーの独断よりも現場のメンバーがほとんどすべてを決定することに特徴があります。

そして、コンセンサスの形成よりも、課題解決を重視します。このことが意思決定の時間的ロスを防ぐ役割にもなっています。そのほか、魅力的な特徴が数多く指摘されています。

さて、この書籍を読むなかで考えさせられたことがあります。

それは、組織とはいったい、誰のために存在するのかという問題です。

程度の度合いは横に置くとして、レッドの「衝動型」組織にしても、ティール「進化型」組織にしても、組織を構成する個々人の幸福と無関係には存在し得ないことが原点です。

その意味では、組織に属する個々人は、組織の歯車などではなく、その幸福増進のために組織が形成されたと考えるべきではないかという話です。レッドからティールへの組織マネジメントの進化は、組織形成の出発点へ戻るものと言ってもよいでしょう。

そして、組織とはいったい、誰のために存在するのかと問われた場合、その構成員の幸福のために存在すると答えるほかありません。

これまでの組織は、プロクルステスの寝台のように組織の都合に合わせて人間を切り刻んできたのがその歴史です。その方が効率がよいといった側面があったのも事実でしょうが、組織の進化と旧来の組織の解体という問題は、組織は人間のために存在しなければならないということを痛切に物語っています。

組織のために人間がプロクルステスの寝台となるのではなく、人間そのものが組織を織りなし、そして組織を作りほぐしていく——。それをティール組織と呼んでもよいのかもしれません。

哲学の小径

日本人は勤勉で会社への帰属意識も、仕事に対する意欲も高いと信じられてきた。またチームワークのよさも強みで、「個人だと欧米人には勝てないが、チームなら負けない」という自負があった。（中略）調査結果から見えてくるのは、「勤勉だが熱意に欠ける」労働者像である。よくいえば安定的だが、悪くいえば受け身で消極的、すなわち自発的・積極的な意欲に欠けるわけである。

出典：太田肇『なぜ日本企業は勝てなくなったのか―個を活かす「分化」の組織論』新潮社、2017年。

日本企業の会社員はこれまで長時間労働をその特徴としてきましたが、近年、それは経済成長に直結していないことが指摘されています。他方で、日本を代表する大企業の、組織ぐるみの不祥事も後を絶ちません。ひょっとすると日本企業には何か深刻な病理があるのかもしれません。

この謎の深層に迫ったのが、『個人尊重の組織論』（中公新書）の著者で知られる経済学者の太田肇さん（1954―）です。

日本の会社員は長時間働きますが、熱意に欠けることが「勝てなくなった」ひとつの原因であると太田さんは指摘します。高度経済成長の頃であれば、一人ひとりの熱意に欠けてもチームワークでカヴァーできたかもしれません。しかしそうした勤勉さや一体感は、ポスト工業社会では通用しにくくなっているのが現実です。なぜなら「受け身で消極的、すなわち自発的・積極的な意欲に欠ける」労働者からは、時代を画するブレイクスルーなんて生まれようがありませんから。

では、何が個々人の能力や意欲の発揮を妨げているのでしょうか？

それは、「組織や集団からの個人の『未分化』」だと太田さんは言います。個々人が組織から「分化」されておらず、共同体型組織に埋没してしまっている日本型企業では、「共同体の同調圧力が突出を抑え」、「突出したモチベーションを引き出しにく」く、「雑用が創造的な仕事を駆逐すること」等の負の循環を招き、イノベーションを閉ざしてしまうという話です。

今回、ティール組織を参照することで、組織とはいったい何のために存在するのか考えてみましたが、日本型企業の負の構造にも同じ問題が見えてきます。

個々人を組織から自立させる、あるいは、個々人が主役になることでウィンウィンの関係が構築できると示唆する太田さんの論考は、ティール組織の研究と交差するものです。

こうした関係は、私たちに身近な共同体ではどうでしょうか？

会社だけでなく、たとえば、家庭や夫婦、あるいは兄弟の間柄ではどうでしょうか？　少し、点検して見直してみると、よりよき関係へと変化するかもしれませんよ。

09 「会社が忙しいというのもよくわからない」

「そば屋が忙しい」とか「八百屋が忙しい」と聞けばその具体性をありありと思い浮かべることができます。それに対して「会社が忙しい」と聞くと、その有り様がなかなか思いつきません。ひょっとすると後者は「人間疎外の経済学の必然的な帰結」がその原因ではないかと考えてみたのですが、大げさではない話だと僕は考えています。

■ BUSY OFFICE

会社が忙しいというのもよくわからない。「そば屋が忙しい」とか「八百屋が忙しい」というのであれば、これは僕にも実感としてわかる。しかし「会社が忙しい」というのは僕にはどうしても理解できない。

出典：村上春樹、安西水丸『ランゲルハンス島の午後』新潮文庫、平成2年。

作家の村上春樹さんは「生まれてこのかた、一度として会社と名のつくところに勤めたことがない」からオフィスの忙しさというものは「僕の想像力の枠外」にあると告白しています。

村上春樹さんの高校時代の友人が会社を経営しているので、ときどきそのオフィスに立ち寄ったそうですが、「見ていると二十人ぐらいの社員がみんな忙しそうにしている。電話で応対している人もいるし、表に何かを書きこんでいる人もいるし」云云とその様子を描写していますが、程度の違いはあれ、会社の仕事というものが「忙しい」状態で、どこもこうした描写で当てはまるのが日本の「会社」というものの「仕事」だと思います。

僕自身も「会社」というフォーマットで仕事をしておりますが、確かに「そば屋が忙しい」とか「八百屋が忙しい」というような具体性は、会社の仕事にはなかなか見い出せないのではないかと思い当たる節があります。

■ 説明するには忙し過ぎる「会社」の仕事

たとえば、「そば屋が忙しい」あるいは「八百屋が忙しい」とはどういう状態でしょうか？

村上春樹さんの筆に従えば、「奥さん、ちょっと待ってね。今こっちの人のトマト包んじゃうからね」だとか「すいません。ちょっと今店がたてこんでまして、出前は三十分くらいかかります」といったもので、この言葉を耳にすれば、確かにその忙しさが理解できます。

それに対して会社の忙しさとはいったい、どのような具体性があるのでしょうか？

僕がその友だちに「忙しそうだね」というと、彼は「あたり前じゃないか。見てりゃわかるだろ」と答える。でも何がどんな風に忙しいかまでは彼は説明してくれない。説明するには忙し過ぎるのだ。

出典：村上春樹、前掲書。

「会社」というフォーマットでの「仕事」の忙しさとは、「説明するには忙し過ぎる」ものであり、そば屋や八百屋が忙しいというときの具体性のようなものを表象することを困難にする抽象的な忙しさというのが、ひょっとするとその本質なのかもしれません。

たとえば、顧客へ連絡を取り続ける、あるいは経理処理を次々とこなしていくという「作業そのもの」の忙しさというものは実在するのですが、それが「仕事」としての「忙しさ」と同義なのかと問われてしまうと、即答できないと僕は考えています。

確かに会社で仕事をしていると「忙しい」んだけど、なぜ忙しく、何が忙しいのかすら把握できないでいることはよくあるのではないでしょうか。

■「人間疎外の経済学の必然的な帰結」なのではないか

そば屋や八百屋の忙しさとは非常に具体的なものであるのに対し、会社の仕事は、確かに作業として忙しいけれども、いったい何が忙しいのかが今ひとつ分かりにくいことが対照的です。これを具体性と抽象性というように、対比することができるのではないかと考えています。より具体的に言えば、会社の忙しさとは現実の経済から遊離した「人間疎外の経済学の必然的な帰結」なのではないかということです。

このように、形式論理による演算に重点がおかれ、現実の経済循環構造との

対応を問題とするより、論理的矛盾性をまず検討する、という方向に傾斜していることは否めない事実である。（中略）
平等、公正といった社会的、人間的な含意をもつ概念は無視され、効率という経済的なもののみが、形式論理のわく組みの中で論じられてきた。マクナマラ証言の示すように、人命殺りくのみを目的とする新型爆弾による無差別な北爆、化学兵器による枯れ葉作戦、ソンミ事件にみられるような非戦闘員の大量殺りくなど非人道的な戦争に関してなんら人間的苦悩を感じないかのように、もっとも効率的に遂行することにのみ専心する。これは人間疎外の経済学の必然的な帰結でもある。

出典：宇沢弘文『経済と人間の旅』日経ビジネス人文庫、2017年。

1966年、合衆国の上院外交委員会によって開かれた公聴会の席上、当時の国防長官であったマクナマラ氏（1916－2009）は、これだけ大規模な戦争を遂行しながら、増税もインフレをも退けることができたのは、「効率的な、経済的な手段によってベトナム戦争を行ってきた」からだと証言したといいます。

確かに、仕事は効率よく、経済性にすぐれたビジネスモデルで遂行されてしかるべきです。しかし、それが効率性のみを追求した場合、人間疎外に陥るのではあるまいかと経済学者の宇沢弘文（1928－2014）さんは指摘します。

この指摘を耳にすると、僕には、どうも会社の忙しさの本質がここに存在するのではないかと思われて仕方ありません。

「奥さん、ちょっと待ってね。今こっちの人のトマト包んじゃうからね」だとか「すいません。ちょっと今店がたてこんでまして、出前は三十分くらいかかります」ではなく「説明するには忙し過ぎる」会社の仕事というものは、現実世界から遊離した、あるいは人間から遠ざかってしまった「仕事」の形なのではないかと僕は考えています。

哲学の小径

田川　それもすごくありますね。ただ、日本の年配の経営者の方々は意外に勉強家で、「インダストリー4.0」とか知識はいろいろ持っているんです。パスワードをいっぱい知っていて、これをやれとか指示を出す。AI方面でも、その傾向は強いですね。

だから、テクノフォビア（科学技術恐怖）である反面、技術に過度な期待を賭けすぎるところもある。どちらもそれぞれ幽霊であることには変わりないんだけど。
平野　どちらもリアルじゃないですからね。
田川　そうなんです。やっぱり実体がないと、議論のクオリティは上がらないんですね。だから僕らの場合は、イマジネーションに頼らず、具体性で議論するシチュエーションをつくることが、仕事をするうえでとても重要なんです。

出典：平野啓一郎、田川欣哉「イノベーションが覆す人間の生き方」、平野啓一郎『自由のこれから』ベスト新書、2017年。

人工知能やビッグデータなど技術の進化は、確かに私たちの生活を便利しています。しかしこうしたイノベーションを前にすると、私たちの生活から「自分で選択する機会」は失われつつあるのではないでしょうか。そうした危惧を起点にしながら、作家の平野啓一郎さん（1975-）が、各界の専門家と突っ込んだ議論を展開するのが『自由のこれから』という対談集です。
ここでは「デザインエンジニアリングという新しい手法で、ソフトウェアからハードウェアまで幅広い製品のデザインと設計を手掛ける」田川欣哉さん（1976－）の議論を参照してみましょう。

田川さんはイノベーションの発露には、「具体性」が欠かせないと指摘し、そのプロセスを「プロトタイピング」と呼びます。「ふわっと空中に浮いているものを凝縮させて結晶化させて単純なものにすることで、我々がそれを取り扱うことができるようにする」ことによって、要はプロトタイプを作る作業です。

頭のなかでぼんやり浮かんでいることや、行ったり来たりしているアイデアを凝縮させて一旦、具体的な形にすることで初めて「未来に現実感を装備する」ことが可能になるのだそうです。

こうした具体性を持たせることは、イノベーションだけでなく、仕事に関しても同じかもしれません。ここでは「会社が忙しい」ことの不確かさを考えてみましたが、具体的なものが見えないからこそ、「何が忙しいのかわからない」状態になっています。だからこそ、私たちの仕事に関してもプロトタイピングを行い、すっきりさせてみる必要があるのではないでしょうか。

10 それなりに生きている世界のなかの複数の「私」

最近仕事をがんばっているのですが、研究者としてのもうひとりの僕はそれを「ダサいな」と考えてしまいます。この事実に注目してみると、「まだ余裕がある」ということ、そしてアイデンティティは単一ではないことを物語っています。

その妙意について少し考えてみました。

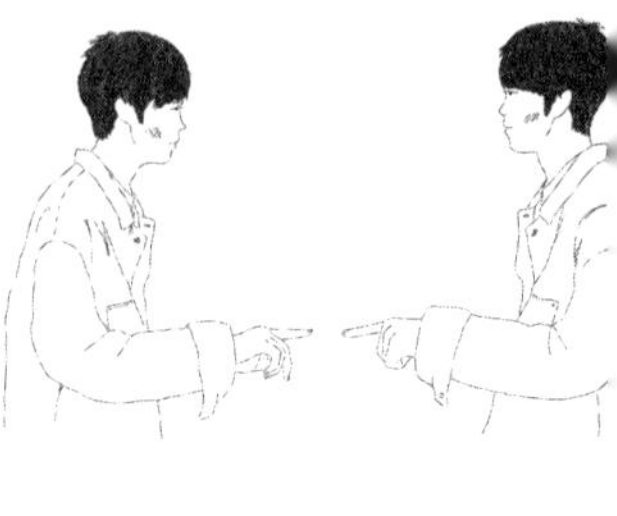

■「それなりに」生きている世界が、まあ、いろいろあって大変なことになっています

何の仕事であろうとも、まあ、それなりに……そして僕の言う「それなりに」という

のは、「それなりに」という「以上」に仕事をしているつもりですが、……仕事をしています。

要は、自分自身の単なる自己認識としての学問という「表芸」では食っていけないから、裏芸でも「がんばらなければならない」という話ですが、僕の場合それを長年、民間企業で正社員としてやってきて、そして、いろいろ考えることがあってアカデミズムの職責はいったんリセットして再出発しながら、今を生きています。そして、その「それなりに」生きている世界が、いろいろあって大変なことになっています。

食っていくことができないソレを「表芸」といい、現実のタッキを「裏芸」と表現すること自体が、「おまえは、民衆をバカにしている」などと批判されていますが、それは横に置きます。

■ それでもまだ余裕がある

そして「裏芸」のタツキに関してですが、自分で言うのも何ですが、そしてその細かいことには言及できませんが、職責自体は変わっていないのに、非常に重責となり忙しくなってしまい、自分自身でもおどろくほど「がんばっている」のが現在です。

そしてそのこと自体を「がんばっている僕はちょっとダサいな」などと「表芸」の僕は感じてしまうところがあるのですが、これは表芸と裏芸を持つ人以外でも感じることがあるとも思います。

しかし、そこに注目すると、一面では余裕がないほど「忙しい」仕事ではあるにも関わらず、そのことに対して何等かの評価を下している自分がいるという現実は、自分自身に関して振り返ってみれば「それでもまだ余裕がある」ということをも意味しているのは事実です。

確かに、現在の職責は非常に重要で次々と仕事が振られて、期日までに調査しろ、一周間で手順を覚えろ、一日で前任者から引き継いで頂戴など……正直無茶振りじゃないの？　と思ってしまうのですが、それでもそれをこなしながら、「忙殺」されていない以上、「それでもまだ余裕がある」のは偽らざる事実だと言わざるを得ません。

そして、僕の場合、そのことを「ポロッと」漏らしてしまうので、次々と忙しくなってしまうのが、「僕の悪い癖」というところでしょうか……。

■ 先験的な自己自身というフィクション

さて、表芸と裏芸の話に戻ると、僕自身は表芸としての「研究者」の側面に自分自身の自己認識の「重点」を置いているのは事実です。

しかし、同時に「裏芸」でも精励している自分自身は、重点を置いているわけではありませんが、日常生活のなかで大部分の時間を占めているそれも、自分自身のもうひとつの側面であることは事実です。そのことに自己認識の重点を置いていないとしてもです。

そして時々、どちらが本当の自分自身なのか判別が尽き難くなってしまうこともあるのですが、悩むよりも、どちらも自分自身であって、たまたまどちらかに重点を置いたり、そう理解することで自分自身をリセットしているのが事実なのではないかと考えるようになりました。このことは、結局、先験的な自己自身なんて存在しないことを物語っているのかもしれません。

「人間のアイデンティティを『単眼的』に矮小化することは甚大な影響を及ぼす」とは

開発経済学者アマルティア・セン（１９３３－）の言葉です。

アイデンティティとは、自分を自分と認識する際の拠り所のことになりますが、私たちは意識するにせよしないにせよ、……そして僕の表芸と裏芸のように……様々なアイデンティティに織りなされて一人の人間が形成されているのは事実です。

だとすれば「選択の余地のない唯一のアイデンティティという『幻想』」にこだわりすぎてしまうと、様々な例証を引証するまでもなく、多発する紛争の多くや残虐行為へと連動してしまう事実に刮目する必要が出てくるのではないでしょうか。

そんな大げさな話は日常生活ではありませんよと苦言を呈されそうですが、それは早計かもしれません。なぜなら、日常生活と世界は地続きであること、そして、日常生活のなかで「自分とは何か」で悩むのが現代社会の個人的問題であるとすれば、一切大げさな話ではありません。

そして複数のアイデンティティが存在することを認め、そのなかで自分自身が生きているという事実を認めると、ちょっと楽になることができるのではないか。あるいは複数のアイデンティティが相互批判することとそのそれぞれがブラッシュアップされていくのではないかと考えているのですが、……いかがでしょうかねえ。

哲学の小径

単眼的なアプローチは、世界中のほぼすべての人を誤解するには、もってこいの方法となるだろう。通常の暮らしでは、われわれは自分がさまざまな集団の一員であると考えている。そのすべてに帰属しているのだ。一人の人間がなんら矛盾することなく、アメリカ国民であり、カリブ海域出身で、アフリカ系の祖先をもち、キリスト教徒で、リベラル主義者の女性であって、かつ菜食主義（ヴェジタリアン）、長距離ランナー、歴史家、学校の教師、小説家、フェミニスト、異性愛者、同性愛者の権利の理解者、芝居好き、環境活動家、テニス愛好家、ジャズ・ミュージシャンであり、さらに大宇宙に知的生命が存在し（できれば英語で）緊急に交信する必要があるという考えの信奉者となりうるのである。一人の人間が同時に所属するすべての集合体がそれぞれ、この人物に特定のアイデンティティを与えているのだ。どの集合体も、この人物の唯一のアイデンティティ、または唯一の帰属集団と見なすことはできない。人のアイデンティティが複数あるとすると、時々に応じて、異なる関係や帰属のなかから、相対的に重要なものを選ばざるをえない。

出典：アマルティア・セン（大門毅・監訳、東郷えりか訳）『アイデンティティと暴力　運命は幻想である』勁草書房、２０１１年。

アジア人として初めてノーベル経済学賞を受賞したのがベンガル生まれのインド人思想家アマルティア・センです。９歳の時、目の前で起こったヒンズー教徒とイスラム教徒の激しい抗争を眼にしたことが経済学者への道を拓いたそうです。

なぜ私たちは、自己認識を巡って殴り合わなければならないのか、この課題とセンは正面から格闘します。端的にそのメカニズムをひもとけば、私たちは複数のアイデンティティを持って生活しているにも関わらず、そのうちのどれかが唯一のアイデンティティと錯覚してしまうことで悲劇が生み出されてしまうというものです。

これは、たとえば、異なる宗教の間、あるいは異なる国家に所属する人々の間で、何度も繰り返されてきた悲劇であり、そして、自己理解に対する「単眼的なアプローチ」という錯覚こそその原因という話ですが、何もこれは、宗教や民族、文化の対立だけに限定されるものではないと僕は考えています。

いったい、自分とは何者かという問題がありますが、確かにアマルティア・センが指摘する通り、私たちはたくさんの様々な属性をもって人間として生きています。たとえば、僕は、①男性で、②二〇世紀後半のアジアで生まれ、③一児の父であり、④配偶者であり、⑤会社ではマネジャーとして仲間をまとめ、云々と続きます。そして、それぞれの局面に応じて、重点移動しながら生きています。そして、その生活に疲れた時、私たちは「自分とは何者か」と確認するのですが、そのときに大切になってくることは、唯一のそれから逸脱しているからといって自分はだめな人間だなんて思わないことだと僕は考えています。民族間対立が単眼的なアプローチによって捏造されるように、単眼的なアプローチで自分自身を理解してしまうと、自分自身を矮小化しかねません。

「(私は)かくあるべし」という生き方は悪くはなく格好いいと言ってもよいかもしれません。しかし、もうちょっと柔軟に生きてもいいのじゃないのかなあと僕は考えています。

第4章

暮らしの
中で
学んでみる

第4章　暮らしの中で学んでみる

ここまで、私たちは、身近な生活に注目し、そこで何かを見出すこと、そして、それを自分自身で考えることの大切さを見てきました。あえて考えてみるまでもないとされがちな普段の暮らしをあらためて点検し、そこに喜びを見出し、自分自身で丁寧に考えてみることができれば、暮らしそのものを彩り豊かなものへと転じていくことができるのではないかと僕は考えています。

しかし、いざ考えると言っても、時としてそれは独りよがりなものであったり、論理的な矛盾を孕んだものになってしまうこともよくありますよね。そういう落とし穴に落ちないためには、いったい何が必要でしょうか。

先に紹介した『論語』の「学びて思わざれば即ち罔し」の後半には、「思うて学ばざれば即ち殆し」という言葉が続きます。これは、いくら自分で考えても、他方で、そして同時に、学ぶという契機がなければ、独りよがりな考え方になってしまい危険であるとの指摘です。

哲学的な思考として自分で考えるということは、決して自己中心的に考えるということではないと孔子は言います。この孔子の言葉に従うならば、自分で考えるということは、常に社会や歴史との豊かな相関関係のなかで自分自身で考える、あるいは、たゆまぬ学びによって自分自身の考えを更新していくということになるのではないでしょうか。

「われかつて終日食らわず、終夜寝ねず、以て思う。益なし、学ぶに如かざるなり」という言葉も孔子は残していますが、これは、「私は以前、一日中食べず、一晩中眠りもしないで考えたことがあったが、これは無駄であった。学ぶことには及ばない」との意味です。

自分の生きている社会という「空間」そのものから学び、そして自分が生きている「時間」から学ぶという姿勢が欠落してしまうならば、いくら考えても「益なし」になってしまいます。

闇屋から哲学者へと転じた木田元さんは次のような言葉を残しています。

普通の人間にとってものを考えるということは、そう容易なことではない。

目をつむって、さて何かを考えようと思っても浮かぶのは妄想のたぐいであろう。ものを考えるには特殊な訓練が必要である。その訓練として私に考えられるのは、しっかりとものを考えた思想家の本をはじめから終わりまで読み通し、その文体に慣れ、その思考を追思考することである。

出典：木田元『わたしの哲学入門』講談社学術文庫、２０１４年。

木田元さんは、書物という客観的・普遍的な視座をたたき台にしなければならないと論じています。

いくら考えても、思い浮かぶのが「妄想のたぐい」であったとすれば、哲学的に考えることとは程遠いものになってしまいます。だからこそ考えることと学ぶことの往復関係を常に継続していくことが大切になってくると僕は強調したいと考えます。

第４章
暮らしの中で
学んでみる

01 学問というよろこび

20年以上にわたって学問をやってきましたので、読書は熱心ですし、文献を読み込み、それを精査して論文を書いたりしています。すると、「そんなに本を読んでばっかりで楽しいの?」と聞かれますが、まあ、「楽しい」のです。

読書したり、幅広く言えば勉強したりすることのいったい、何が「楽しい」のでしょうか? そのひとつを紹介したいと思います。

■ どうでもいいことを「知る」こと

国語辞典編纂者の飯間浩明さん（1967−）のコラム「街のB級言葉図鑑」（『朝日新聞』土曜版ｂｅ連載）がおもしろく、週に一度の連載を楽しみにしています。

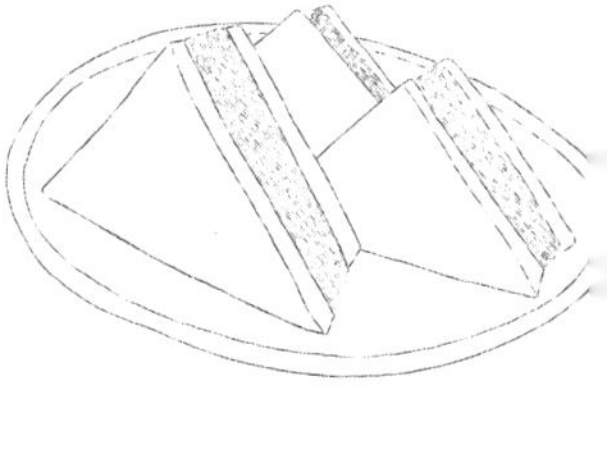

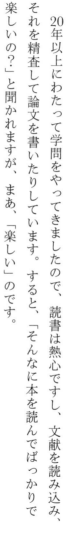

最近、瞠目した記事は「わたあめ・わたがし」（2019年4月20日付）でした。「綿のようにふわふわで甘い」「なめると、消えるように溶けていく」「あの食べ物を、あなたは何と呼びますか？」というものです。

屋台で定番のこのお菓子は、東日本では「わたあめ」、西日本では「わたがし」と違う表記で呼ばれるそうです。僕も初めて知りましたが、東西での呼び方の違いは、この他にも沢山ありますよね。

たとえば、居酒屋で最初に出てくる料理を東日本では「お通し」と呼ぶのに対して、西日本では「つきだし」と呼びます。紙を壁に留める文房具を東日本では「画鋲」といい、西日本では、「押しピン」といいます。電気の周波数も違いますし、挙げるとキリがありません。

「どうでもいいことだ」と言ってしまえば、それまでです。しかし、「どうでもいいこと」を無視せずに、それを知ることが、学問あるいは勉強の出発点になります。まずは、ここに注目したいと思います。

「知る」ことから「理解」へ

では、物知りになるために学問あるいは勉強はあるのでしょうか？そうだとすれば、人工知能に人間は勝ることはできませんから、それは無益な営みとなってしまいます。しかし、そうではありません。

先の記事では、飯間さんは、知ることの醍醐味あるいは次のステップを「こうした調査結果を、知識として知っておくのも大事ですが、実際に出会った時の楽しさは格別です」と指摘しています。要するに、知ったことを自分のなかで咀嚼し、それと再び出会うなかに、学問や勉強の「よろこび」があるということです。それが「理解」です。

飯間さんは、証拠写真を撮ったそうで、「今後も、旅行先で屋台を見かけたら、このお菓子の表記に注意してみるつもりです」とコラムを結んでいます。

暮らしと学問

こうした「知る」ことから「理解する」ことへのステップアップは何を意味しているの

でしょうか？

私たちがこれまで積み重ねてきた学習や勉強といったものは、私たちの生活とは決して無関係であったり、あるいは、対立的に位置しているわけではないということを物語っています。

知と生活は無関係に存在するのではありません。むしろ知ったことや学んだことを、自分自身の生活の中で生かしていったり、発見したり、あるいは再発見したりすることに、その意義があるのではないでしょうか。

暮らしと学問は対立関係にあるのではありません。むしろ相互に影響を与えることで、知が生きた事柄へと転じ、生活がより彩り豊かなものへと開花すると僕は考えます。

先日、職場近くの喫茶店でモーニングをちょうだいしました。お品は「玉子サンド」です。僕は東京での生活が長かったので、玉子サンドといえば、ゆで卵をほぐしてマヨネーズと和えたものを挟むサンドイッチというイメージが強いのですが、西日本では、卵焼きをそのまま挟むのがポピュラーなんですね。「目から鱗」とはこのことです。

『兄弟サウロよ、汝が来る途にて現れ給ひしイエス、即ち主われを遣し給へり。なんぢが再び見ることを得、かつ聖霊にて満されん為なり』　直ちに彼の目より鱗のごときもの落ちて見ることを得、すなはち起きてバプテスマを受け、かつ食事して力づきたり。

出典：「使徒行伝」、『文語訳　新約聖書　詩篇付』岩波文庫、2014年。

「目から鱗が落ちる」とは、あることをきっかけにして急に物事の真相や本質が分かるようになることをいう諺です。

これは、『新約聖書』から生まれた言葉で、あるときパウロという人が不思議な経験をします。旅の途上、彼は突然雷に打たれるような衝撃に襲われ目が見えなくなってしまいます。後にイエスとの出会いの出来事と記録されていますが、人々から手を引かれてダマスコまで連れて行かれました。そして、彼はキリスト教徒のアナニアという人に出会い、アナニアはパウロのために祈りました。すると、目から鱗のようなものが落ちて、元どおり目が見えるようになったと『聖書』は記しています。
ということはですよ。「目から鱗」という表現は、随分、昔から人口に膾炙する諺のように思いがちですが、キリシタン禁教が説かれた明治時代以降、『聖書』が日本語訳にされるなかで、日本の諺として定着した言葉となります。江戸時代から使われていそうな感覚を抱きますが、決してそうではないんですよね。

価値の分からない者に大切なものを与えても何の役にもたたないことを「豚に真珠」と言います。この諺も『聖書』に由来する言葉です。『聖書』を引照すると次のようにあります。何度も繰り返しになりますが、私たちが自明だと「思いこんでいる」ことって、意外と正確な理解と程遠いのかもしれません。

聖なる物を犬に与ふな。また真珠を豚の前に投ぐな。恐くは足にて踏みつけ、向き反りて汝らを噛みやぶらん。

出典：「マタイ伝福音書」、前掲書。

02 見知らぬ一書との出会いが照らし直す日常生活

僕は本屋さんに立ち寄るのが大好きです。それは端的に「ワクワク」するからです。最近、『あの日から或る日の絵とことば』(創元社)と出会いました。日常生活を改めて点検したり、発見したりすることに生活と学問が交差する醍醐味があるのではないかと考えてみました。

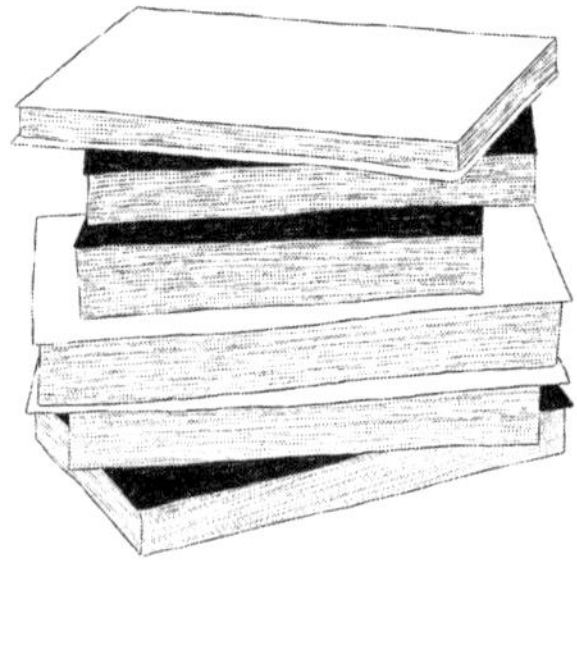

■ 本屋さんというワクワク空間

気分転換には、様々なやり方がありますが、僕は煮詰まった時には、本屋さんにブラりと立ち寄ることにしています。子どもの頃からそうなのですが、端的に「ワクワク」するからです。そしてそのワクワクの正体とは何かと言えば、それは、見知らぬ「知」

との出会いを意味します。

研究や仕事で必要不可欠な書籍の類いは、ネットなどで済ませることが多いのですが、ここには「ワクワク感」がありません。そこには、見知らぬ「知」との出会いがないからです。

一方、それに対して、書店の入り口をくぐり、そこで出会う「知」とは、見知らぬそれであり、そこに「ワクワク」感があります。何かを買おう、何かを読もうという目的で入るのではなく、ブラリと立ち寄り、「こんな本があるのか！」「これが売れているか」という「気づき」こそ、見知らぬ「知」との出会いという「ワクワク」であり、大げさかもしれませんが、初めての知識や物語との出会いによって、気持ちが更新されていくのだと考えています。

目的もなく本屋さんに立ち寄り、新刊を眺めるだけでフレッシュな気分になり、装丁に引かれて購入したりするのも、通販社会にはない、ウィンドーショッピングの醍醐味ですから、気分転換にはうってつけです。

■ そうやって当たり前のように、大切な日々を過ごしてきたのかもしれない

先週、近所の本屋さんで見つけたのが筒井大介編『あの日からの或る日の絵とことば』（創元社、２０１９年）です。「３・１１と子どもの本」との副題で、絵本編集者が編んだ「あの日からの絵と言葉の物語は、僕やあなたと同じ日を歩んでいる」出来事や経過の記録です。記録といっても堅苦しいものではなく、イラストや画作とともにエッセイの添えられた「絵本」と言ってもよいでしょう。

『しろねこくろねこ』（学研）で知られる絵本作家のきくちちき（１９７５－）さんの作品「走るよころび」が本書に収録されています。きくちさんは東日本大震災の２年後にお子様を授かったそうです。そしてその成長を振り返ると、自分自身も「そうやって当たり前のように、大切な日々を過ごしてきたのかもしれない」と綴っています。

しかし、いざ、悲しい出来事を前にすると「生きることは、ときに残酷なことも起こりえるということを知る必要がある」とも指摘しています。そして、「自然に対してとても敬意」を持っていますが、「大自然にはかなわないことは知っている」とも記しています。

そしてあの日、三月十一日。目の前が歪んでいた。あの恐怖とともにまた無力な自分がそこにいた。何も変わっていなかった。

その二年後ぐらいに息子が生まれ、いま息子とともに平穏な生活を送っているが、もし同じことがあった時に守ってあげることができるのだろうか。

出典：きくちちき「走るよろこび」、筒井大介編『あの日からの或る日のえことば』創元社、2019年。

■ 生活への感度を常に高めておくこと

今住んでいるところが自然に囲まれているので、息子も自然がとても好きで、動物も大好きだ。よく庭で鳥を眺めたり、牧場へ行って動物にさわったり、公園で走っている。息子は純粋で単純だ。

（出典）きくちちき、前掲書。


きくちさんは、大自然に対して無力な人間を嘆くのではなく、かといって、自然に対する人間の優位を語るわけではありません。

しかし、変わらないように見えて変わっていくこと、変わっているように見えて変わっていない日常生活の「愛らしさ」を大切にすることを強調します。これは言葉を変えてみれば、生活への「感度」と言ってもよいのではないでしょうか。

「日常」という言葉があります。これはいつも同じ日ということですが、その変わらないことに嘆いても始まりません。それは感度が鈍っていることを告白しているようにも思えます。同時に、人間は日々変わっていくのも事実です。しかし、その変わっていくことを過信するのでもないところに、生活の発見があるのではないでしょうか。

東日本大震災をめぐっては、様々な考え方が入り乱れました。しかし、立場を超えて、注目しなければならないのは、ひょっとすると、「日常」という事柄に対する視点なのかもしれません。


息子は単純で純粋だ。ぼくが忘れてしまっていたことを、たくさん体現してくれて、たくさん思い出させてくれる。ちょっとしたことの大切さ、小さな輝きを少しでも感じないといけない。大自然は変わらないが人間は変わることで成長しているような錯覚になるのかも知れない。

出典：きくちちき、前掲書。

さて、この項の冒頭に「気分転換」あるいは「リフレッシュ」という言葉を使いましたが、同じ物事でも角度を変えて見るということがそのひとつのきっかけになるのではないでしょうか。僕は学問が生活と交差する醍醐味は、まさにここにあると確信しています。

哲学の小径

あの昔の社協の会長にずっと言われてたことが私を動かして、そして何年間かラジオに携わったことで、「あなたにとってラジオって何だったの？」と言われたときに、私は「福祉です。幸せになるために、健康でいられるために、豊かに生活するために、命を守るために、情報を発信するのがラジオだ」と答える自分になりました。最初に「ラジオやっぺ？」って言われて、「え？」と言っていた人間が（笑）。

出典：いとうせいこう『福島モノローグ』河出書房新社、2021年。

2011年の東日本大震災後から10年。作家のいとうせいこうさん（1961―）は、『想像ラジオ』（河出文庫）で死者と生者をつなぐ世界を描きましたが、『福島モノローグ』では、自らマイクとなってその地の「声」「声」「声」を掬い上げました。避難区域にとり残され、震災から生き残った牛たちを助けようと奮闘する女性や、一度は避難し迷いながらも前に歩みつづける母親の姿など……。本書を読み進めていくと、一様ではない人生のひとつひとつが、私たちの世界を形作っていることを思い知らされます。

私たちは、決して置換することのできない人間の個性を時として数でカウントしたり、集合で理解したりします。そしてそのこと自体が人間を人間として扱わない立場であるにも関わらず、そうすることで合理的なにがしを導けるものだと錯覚したりしてしまいます。数字や要約可能なフレーズで私たちは変換不可能な人間という存在を語りますが、人間の多様さを本書はありありと突きつけます。

思えば、近代市民社会の成立以降、現代へ至るまで、人間の社会は常に人間の自由と平等の拡大を目指して発展し、科学技術の進歩は、快適な環境を創出するうえで欠かすことのできない原動力として私たちの明るい未来を約束するものでした。

しかし、震災は、テクノロジーは万能ではないこと、むしろ先端知や学問の狭隘化こそが人間の不幸の原因ではないかと示唆することになりました。多様な人間を多様な人間としてそのまま尊重すること、そしてそれを相互に尊重することが、今一度もとめられているのではないかと僕は考えています。

こうした議論になるとテクノロジーを全否定して「自然に帰れ」なんて議論も出てきますが、前時代に後戻りできない以上、それは無責任な議論であると僕には思えます。だとすれば真摯な反省に基づく再構築こそ必要であり、あらゆる事柄に万能薬がない以上、常に点検し続ける姿勢が必要なのだと僕は考えています。

03 読書は果たして趣味なのか

先日、職場の同僚から「趣味がなくて息抜きできないんです」という伺いがあったのですが、いきなり「ロードバイクで爆走です！」なんて即答できませんよね。
読書は僕にとって「仕事」のようなものですが、実は読書が苦手という人にこそ、それが最良の趣味なのではないかと考えてみました。

■ 読書は果たして趣味なのか

どこの職場に行っても、「ウジケさんは、よく本を読んでいますよね」と言われます。僕の場合、もともとの職業病のようなものなのですが、常に「何かを読んでいる」あるいは「何かをめくっている」のは日常で、それを欠かすと風邪でもひくんじゃないかというほど、切っても切れない間柄となっています。

常に最新の知見にアップデートしておきたいという職業病的要請と、本物の良識との出会いこそ人格を陶冶する契機になるのではないだろうかという教養主義的要請に由来するものです。その意味では、読書家と言ってもよいのですが、本をよく読んでいるけれどもそれを趣味と呼んでよいのかどうかというと、ちょっとだけ立ち止まってしまいます。

履歴書の趣味特技欄から「読書」が消えて久しいと聞きます。僕が大学生の頃にはすでに廃れていたように記憶しますし、事実、「書くものがない」という知人は、趣味を読書と偽りつつも、「1年間で200冊は読みました」と工夫すら凝らしていました。

確かに、履歴書用の趣味としては読書は陳腐なものかもしれません。

しかし、果たして趣味なのかどうかと問われると即答できないのも僕の偽らざる実感です。なぜかというと、やはりこれは僕の問題に逐着してしまうのですが、趣味と呼ぶ以上に密接な間柄となっているからです。いわばそれは僕にとっては呼吸するようなものという認識だからです。

ただ、正確に言えば、呼吸というよりも、「読まなければならない」的な強迫観念を背負って生きているのがその実際かもしれませんけれどもね。

■ 趣味がなくてこまっている

さて、先日、職場で「趣味がなくてこまっている」という話を聞きました。

要は、適切な気晴らしが見つからないという話なのですが、自分自身のまともな趣味を振り返ると、いったい何だろうかと考えてみました。

僕は履歴書の趣味の欄には、チェロ演奏、茶道（遠州流）と書きます。一応、事実なので……。ですが、僕のまともな趣味は、履歴書に書き連ねるものではなくという意味ですが、美味しいお酒を飲むこと、ロードバイクでポタリングしながら写真を撮影すること、あるいは時計やカメラを集めることになるのかなあと振り返ってみました。それでストレス解消しているのは事実ですから、まあ、立派な趣味と言ってよいのではないかと考えています。

しかし「趣味がなくてこまっている」という人に、「酒いいよね」とか「ロードバイク最高!」と言っても「いきなり」過ぎますよね。暖簾に腕押しと言いますか、唐突すぎる感があり、「何か考えてみます」としたのですが、そこで「趣味としての読書」というのも実際にはありなのではないかと、ふと思った次第です。

先ず大切なことは読書の習慣を作るということである。他の場合と同じように、ここでも習慣が必要である。ひとは、単に義務からのみ、或いは単に興味からのみ、読書し得るものではない。習慣が実に多くのことを為すのである。

出典:三木清「如何に読書すべきか」、三木清『読書と人生』新潮文庫、昭和49年。

■自分の勝手な考えで勝手に読むのは読まないのと同じである

読書をするうえで、まず大切なことは、哲学者の三木清が言及した通り、それを「習慣」とすることです。親から言われてピアノを始めたとしても、それが習慣となることで娯楽となり、そして趣味のひとつへと変貌することはよくあります。読書も同じですよね。そして、それと同時に大切なことがあります。

同じく三木清の指摘に従えば次の通りです。つまり、

もちろん著者の真意を理解するということはあらゆる場合に必要なことであり、それにはできるだけ客観的に読まなければならず、そしてそれには繰り返して読むということが必要な方法である。自分の勝手な考えで勝手に読むのは読まないのと同じである。ひとはそれから何物かを学ぼうという態度で書物に対じなければならない。理解は批評の前提として必要である。

出典：三木清、前掲書。

要は、恣意的に読むなという話に尽きるのですが、これは読書に限られた問題ではありません。単に読むといってもそれは我侭に読むのではなく、どこまでも「発見的に読む」ということであり、その具体的な営みは「読書の場合著者と自分との対話」にならざるを得ません。

しかし、その反芻をどのように客観的なものへと昇華していけばよいのかと問えば、やはり同じ本を読んでいる、あるいは読んだことのある人間と話し合ってみるという契

機が必要なのではないかと僕は考えています。

「この本を読んでみたのだけど、ウジケさんはどう考えますか？」

あるいは、

「昨日、トルストイの『戦争と平和』を読み終えたのだけど、超絶、おすすめです。なぜなら……」

という会話が、日常生活の1％でも存在するならば、それはそれで、ストレスを解消する契機になるだけでなく、その人の良識や教養を鍛えうる契機になるのではないかと僕は考えているのですが、どうでしょうか？

「ドストエフスキーぐらい、読んでいるよ」

と日常生活のなかでちょっと出てくると「素敵」ですよね。

読書は心に知識の素材を提供するだけであり、思考こそが、私たちが読んだものを自分のものにします。私たちは反芻する動物であり、堆積した大きな塊を詰め込むだけでは十分ではありません。何度も噛みなおさなければ、そこから力や栄養を得ることはできません。

出典：ジョン・ロック（下川潔訳）『知性の正しい導き方』ちくま学芸文庫、２０１５年。

一七世紀イギリスの経験主義哲学を代表する思想家がジョン・ロック（１６３２－１７０４）で、思弁的な哲学のほか政治哲学も有名で、社会契約や抵抗権についての考えは、近代民主主義の礎のひとつになっています。

ロックの晩年の代表作が『知性の正しい導き方』で、どうすれば、何が正しいのかを把握し、最も的確な判断を下せるのかを論じた一冊です。

真理の探求のためには、外部の権威や自分自身に内在する不明や偏見から各人の知性を独立させて、自分自身でその知性を導いていく必要があります。そこで必要なことは知性の自主独立だとロックは言います。

本書は、名誉革命後の政治的混乱の時代に執筆された小品で、ロックは社会思想、政治哲学として権力分立と議会主義を主張しましたが、ここでも強調されるのは、人間の自由です。内面の自由と外面の自由の確保を同時に主張している点がロックの特徴ですが、両者は全く関係のないものではなく、密接につながっていることに留意する必要があります。

さて、本書でロックは一節を割いて、読書について論じています。「読書は心に知識の素材を提供するだけ」ですから、ただ単に本を読んだだけでは、読書にはならないとロックは言います。「思考こそが、私たちが読んだものを自分のものに」するのです。

読書は食事と同じで「何度も噛みなおさなければ、そこから力や栄養を得ること」はできません。一冊の書物を読み、そしてその内容と対話を繰り返し、栄養分を吸収するには、読書する習慣と練習が必要不可欠です。その困難を乗り越えることで、「心は力強い激励を受け、活性化され、読書にいそしむように」なるとロックは言います。

この境地にまで到達することによって、読書は初めて読書になるのではないでしょうか。ジョン・ロックは知性を人間の人間らしさのひとつと認めましたが、読書も同じかもしれません。なぜなら、読書は人間にしかできない行為だからです。

04

自由の刑罰

休日はワイワイがやがや過ごすのも楽しく、ひとりでそっと休むのも楽しいですよね。このことは、余暇の過ごし方ひとつとっても、人間の実存とは一面的なものではなく多様な実存であることを物語っています。

物事が多角的であることを「知る」意味と、その現在を生きる意義を考えてみました。

■ 人間の実存

人間には、他者とつながりたいという欲求と同時に、他者と隔絶したいという欲求があります。

確かに、休日は家族と楽しく過ごしたいという場合もあれば、ひとりでゆっくりと休みたいという場合もあるかと思います。そういう対極の状況に人間は投げ出されて生きているのではないかと考えます。

それを不条理と呼ぶには大げさかもしれませんが、矛盾に満ちあふれた社会のなかで生きている人間の実存と真正面から向き合った思想家がジャン＝ポール・サルトル（1905－1980）です。

彼の思想は「実存主義」と呼ばれ、第二次世界大戦後、その惨禍の疲弊にあえぐ多くの人々に生きる指標として読みつがれてきました。

では、なぜ、サルトルの考え方が人々を魅了したのでしょうか。

それは、人間の実存が不安定であることを自覚したうえで、自由な主体として生き、世界と関わることを説いた積極的な哲学が、混迷な時代を生きていくうえでの希望を与えたからです。

人間の意志や決断、そしてその根拠となる自由を最も尊び、そしてその模範として生き抜いたのがサルトルです。そのマニフェストであり入門書と言われているのが『実存主義とは何か』という著作です。本書は1945年の講演「実存主義はヒューマニズムであるか」をもとにしたものですが、最も有名なフレーズは、「人間は自由の刑に処されている」というものです。

■ 人間は自由の刑に処されている

人間の歴史を振り返れば、人間の自由が抑圧されている状況に対するカウンター、あるいは改善・拡大としてその歩みは進んできました。

人間の自由は人間が生きるうえで、もっとも不可欠な要素です。たとえば、自分が住んでいる市町村からの外出が禁じられていたり、職業の自由な選択が禁じられていればどうでしょうか？

自由が制限されるということは、人間が人間らしく生きていくことを阻むものとなります。だからこそ、そうした不自由を撤廃していったのが人間の歩みであり、私たちが、自由を制限されることを不愉快に感じる原因ではないかと思います。

しかし、自由ということは、自由であるがゆえに不安という感覚を必然させるのも人間の生活世界の現実ではないでしょうか。

私たちの日常生活を振り返ってみればよく分かることだと思います。人間は自由だからこそ、何を選択したらよいのか、どう生きたらよいのか分からずに、不安に陥ってしまうものですよね。よるべなき世界のなかで、すべて自分一人で背負っていかなければならないアンビバレンツな状況をサルトルは、「人間は自由の刑に処されている」と表現しました。

■「しんどい」自由を抑圧してもよいのか？

人間が自由であることは、人間がより快適に生きていくうえで、必要不可欠な契機であることは言うまでもありません。しかし、その自由を背負って生きていくことは、艱難辛苦をも必然させるということになります。

確かに、他者とともに快適に生きていくことが、その人の喜びになるのも事実ですが、ひとりでそっと休みたいと願うのも私たちの休日の過ごし方です。この二律背反した状況というのは、一面的な理解で済むほど単純ではないのが人間の実存であるということを切実に物語っていると思います。

人間の自由、あるいは、他者との関わり方など、様々な概念や事柄に関して、私たちが、それが常識だと捉えるものの見方以外に、多様な側面があることを理解する必要性をサルトルは教えているようにも僕は考えています。

そういえば、作家の村上春樹さんが『スプートニクの恋人』で絶妙に表現しています。

たとえば具体的にいうと、まわりにいる誰かのことを「ああ、この人のことならよく知っている。いちいち考えるまでもないや。大丈夫」と思って安心していると、わたしは（あるいはあなたは）手ひどい裏切りにあうことになるかもしれない。私たちがもうたっぷり知っていると思っている物事の裏には、わたしたちが知らないことが同じくらいたくさん潜んでいるのだ。理解というものは、つねに誤解の総体に過ぎない。それが（ここだけの話だけれど）わたしのささやかな世界認識の方法である。

出典：村上春樹『スプートニクの恋人』講談社文庫、２００１年。

そう、わたしたちの生活は、自由や平等といった概念だけでなく、日常生活自体が、多様な意義に満ちあふれたものとして実在しているにも関わらず、一点だけに集中して生きているのがその現在です。だからこそ、学問という叡智は、その一方的なものの見方を修正していくうえで必要不可欠な「刺激」として機能しているのではないでしょうか。

さて、大切なことがひとつあります。サルトルが取り上げたように、たとえば、自由には積極的な側面もあれば、消極的な側面もあります。その両方の意義を理解して人間は生きていくほかありませんが、消極的な側面を過度に取り上げ、積極的な側面を揶揄するような言説には警戒すべきではないでしょうか。

人間が自由であることを引き受けて生きることは「しんどい」から、自由を奪っても「よい」というのは詭弁と言うほかありません。最近そうした言説を目にすることが多く危惧を覚えるのは僕だけではないでしょう。

僕は、職場へ通勤するためには最後に山越えしなくてはなりません。ロードバイク通勤の最後の艱難です。10分かけて登り切ると職場なのですが、いろいろな意味で「自分は、いったい、ここで何をやっているのだろうか」と悩みます。

しかし、それがふと冷静に自分の行動を見直す機会となるのかなと思ったりもします。

哲学の小径

希望というのは人間の一部をかたちづくっている、とわたしは考えるわけだ。人間行動は超越的だ。つまり人間行動は、いつでも現在から出発して、未来の対象［目的］を狙う。われわれは現在のなかでその行動を考え、これを実現しようと努めるのだが、人間行動はその目的、その実現を未来に置く。だから行動する仕方のうちに希望が、つまり実現されるべきものとして目的を設定するという事実そのものが、存在する。

出典：サルトル×レヴィ（海老坂武訳）『いまこそ、希望を』光文社古典新訳文庫、2019年。

第二次大戦後から現在にいたる思想・哲学を導き、人々の認識や考え方を常にアップデートする水先案内人となったのが、フランス現代思想です。

そして、その端緒となったのがサルトルです。本質主義を否定して人間の実存に注目し、あらゆる権威と戦うその姿は、戦災で塗炭の苦しみを味わった人々にとっては

「希望」の光として映りました。

しかし、思想や哲学にも流行があるのは事実であり、次々と登場してきた新しい思想によってサルトルは超克され、すでに「消費期限」が切れたものとして忘れ去られようとしています。

サルトルの過剰なまでの政治的アグレッシブやヨーロッパ中心の歴史主義は批判されてしかるべきですが、その骨太な思索と実践の往復は、まだまだ人々に活力を与えるだけでなく、思考の枠組みを形成するものではないかと僕は理解しております。

徹底的なまでに個人の存在とその自由について考察したサルトルの思想は、世の中が権力に対して従順になっていく現在でこそ再び読み直されるべきではないでしょうか。

『今こそ、希望を』は、最晩年のサルトルと秘書との対談を収録したもので、1980年3月にフランスの週刊誌に3回に渡って連載されたものです。この1ヶ月後にサルトルは亡くなります。

「自分とは何か」「他人とは何か」「自由とは何か」「友愛とは何か」「民主主義とは何か」など、幅広いテーマを闊達に論じた最晩年のメッセージは、私たちがもう一度物事を原点から考え直していくきっかけになると思います。

05

概念としての猫

もっとも使いこなしている言葉や生活の所作ほど、実は、もっとも考え抜かれた末や工夫の末に導き出されたものではないことが多いかもしれません。

猫との暮らしから世界と人間を少しだけ丁寧に考えてみました。

■ 猫との暮らしから世界と人間を考える

最近読んだ本のなかでもとびきり面白かったのが、『もの書く人のかたわらには、いつも猫がいた』（河出書房新社、2019年）です。角田光代さん（1967－）ほか吉田修一さん（1968－）、村山由佳さん（1964－）、柚月裕子さん（1968－）、保坂和志さん（1956－）、養老孟司さん（1937－）ら6人の人気著作家と個性あふれる愛猫たちの生活を紹介した一冊です。

125点の写真とインタビューのほか、猫をテーマにしたエッセイや掌編小説も収録した盛りだくさんの仕様で、愛猫家だけでなく幅広い方々に手にとってほしい一冊です。猫との暮らしで生活が変わったことや昔から猫が好きでその魅力を縦横に語る作家のあたたかい語り口は、暮らしを見つめ直す視座を提供してくれます。

愛猫の「まる」と共に老後を迎えた養老孟司さんは、猫との暮らしをこう語ります。

やかましい理屈を言わなくても、顔を見ていれば、それでいい。それがネコのいる生活のいいところじゃないかと思う。

出典：養老孟司「エッセイ、まるのこと」、角田光代ほか『もの書く人のかたわらには、いつも猫がいた』河出書房新社、2019年。

たとえば、養老さんは、まるとの暮らしの魅力を伝えつつも、同時に高齢化社会と人口減少、ソクラテスと文明批評などを語っています。ほかの5名の著作家の方々も同じ具合ですから、本書は単なる「ネコ好き」の本ではありません。ちょっと大げさな言い方かもしれませんが、猫との暮らしという視座から、人間とは何か、世界とは何かを探究する一冊とも言えます。

■ 猫との出会いで変わったこと

作家の角田光代さんが飼われているのがアメリカンショートヘアの「トト」です。角田さんにとっては、この「トト」が初めての猫だそうです。

インタビュアーは角田さんに、猫との出会いで「自分が変わったなと思う部分はありますか?」と質問していますが、それに対して次のように答えています。

上手く説明ができないんですが、トトが来る前の私は、自分中心の暮らしだったし、仕事が大事なので、仕事優先で「私が私が」という感じで暮らしていたんだと思うんです。でも、そのままではきっとつらかったんだと思う。トトが来て、何か自分以外のことに心を持っていけるようになったことが、自分にはすごく良かった。

出典：角田光代「角田光代とトト」、角田光代ほか、前掲書。

猫は命あるものですが、自分では猫缶ひとつ開けることもできません。当然、暮らしに手間は増えますが、その手間が人間を変えるのかもしれません。つまり、「自分以外の何かに気持ちが集中することがないと、人というのはすごくつらいのかも」との指摘です。自分中心のつらさ、つらい気持ちの逃し方は、自分以外の「命あるもの」によって導かれるという指摘に、僕はハッとさせられてしまいました。

■ 概念としての猫

さて、目からウロコついでに、瞠目した一節がありますので、紹介しましょう。

トトが来るまで、私は猫を飼ったことがなかったので、猫というものがただの概念だったんです。概念としてのツバメみたいな感じと一緒ですかね。だから、猫といったら、顔もみんな同じだし、ただ単に猫というだけだった。

実際に飼ってみると、顔も違えば性格も違う、……

出典：角田光代「角田光代とトト」、角田光代ほか、前掲書。

著作家は使う言葉が私たちと違うことは承知しておりますが、この「概念としての猫」という表現に出会った時の衝撃といったら、胃の腑をぎゅっとつかまれたようでした。

一応、僕は人文学の研究者をしていますので、「概念」だとか「実体」あるいは、「形相」だとか「質料」といった言葉をいやというほど使ってきました。授業や論文でも幾度も出会ってきた言葉ですが、果たしてその言葉を正しく理解していたのだろうかと猛省する契機となりました。普段、使い慣れている言葉だからこそ、それを真摯に検討することなく、使い続けてきたことを我ながら「まだまだ甘いなあ」と失笑した次第です。

概念や実体という言葉は、プラトン（紀元前427―紀元前347）のイデア論以来、西洋哲学の中心的な概念です。イスにはイスのイデア（観念、概念）がある、猫には猫のイデアがある、なんて何度も繰り返し使ってきた言葉です。

しかし、角田さんの言う「概念としての猫」以上に〝リアル〟な言葉を自分は使っていなかったのではないか、と思い知らされました。

猫本との出会いが、自分自身を点検する契機になるなんて思ってもみませんでしたが、一書との出会いというものは、単に何かを知る以上の、わくわくする体験ですね。読むという行為、あるいは出会いというものをよりいっそう大切にしたいと僕は考えます。

哲学の小径

人間は感覚的な世界に生きている。しかしながら、手にふれて知ることができる現象の世界は、真の実在ではないとプラトンはいう。彼は、心の目でしか見ることのできない「ものごとの真の姿」をイデアと呼んだ。さらに、さまざまなイデアを統括する究極のイデアを「善のイデア」とし、統治にあたる人間が最終的に学ぶべきものとした。（中略）プラトンの議論で目につくのは、移ろいゆく現象的世界と、真の実在であるイデアの世界とを真正面から対比する思考である。このような思考法は、えてして現実を全否定する理想主義と結び付きやすい。

出典：宇野重規『西洋政治思想史』有斐閣、2013年。

プラトンといえば、イデア論、イデア論といえばプラトンという体で、ここから現実と理想的なものを対立的に捉える考え方が哲学史に誕生します。

たとえば、猫にはアメリカンショートヘアもいれば、ペルシャや三毛猫、シャム猫など、現実世界には様々な種類の猫が実在しています。そしてそのどれに対しても、私たちはそれが猫であると認識します。犬とは違う、猫としてです。

そうすると、現実の事物である様々な猫、それはシャム猫の「たま」であったりするわけですが、その具体的な事物を離れて「猫」なるものが頭のなかには浮かんできます。

それを「ものごとのほんとうの姿」や「〜の原型」という意味でプラトンはイデアと呼びます。様々な現実の猫が存在しますが、プラトンはそれぞれの猫は猫のイデアを持っており、それがはるか天空のイデアの世界に実在し、現実を規定していると考えました。本物のイデアの世界があると信じることはなかなか難しいと思いますが、現実の事物を超えて、その骨格となる原型を思い浮かべることは不可能ではありません。

しかし、プラトンにとっては、変化し易い、そして悪い方向へ流されやすい現実の世界というものは否定すべきものと映ったようです。

悪しき方向へ移り変わりやすい現実世界を、不完全な人間が統治することほど危険なことはないと考えたプラトンは、統治の仕組みとして「哲人政治」の理想を語ります。

哲学の話題に政治学者の宇野重規さん（1967－）の著作から一節を紹介することは意外に見えるかもしれませんが、実はプラトンの考え方は、政治思想史の嚆矢となるものです。この考え方は、「哲学者が支配するか、さもなければ支配者が哲学を学ばなければならない」と説く、「このような思考法は、えてして現実を全否定する理想主義と結び付きやすい」ものとなります。哲学者のカール・ポパー（1902－1994）は、プラトンの哲人政治の理想主義を、全体主義とも酷評しています。こうした理想の追求は美しく見えますが、時として現実を否定する革命的暴力へと陥りがちです。

確かに現実を開拓する理想主義は必要不可欠ですが、現実を否定する理想へと変換されてしまうと問題がありますからここには注意すべきです。

私たちは、物事を深く考えていけばいくほど、現実の事物から離れてしまい、概念や言葉の奴隷となってしまうことがあります。これも同じように警戒したいものです。

06

余暇としての外国語学習

外国語学習に「集中」すると、僕の場合、日常生活の雑音から解き放たれて、自由を味わうことができます。その意味ではそれを余暇のひとつと数えてよいと考えています。

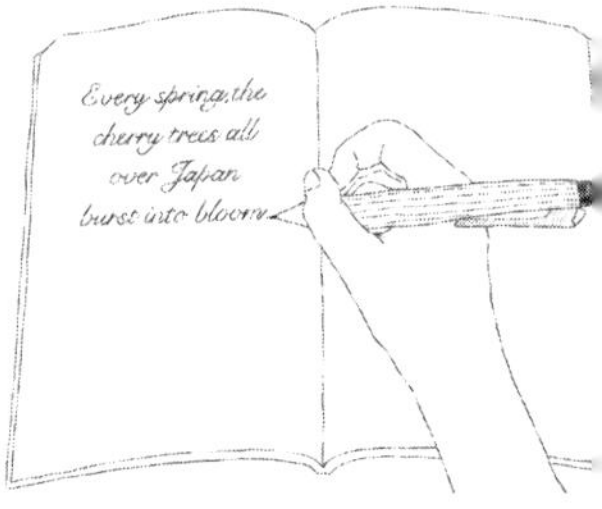

■ 外国語を学ぶことで得た思わぬ成果

ここ数年、語学学習を再開しています。ＮＨＫのラジオ講座が結局は便利なので、そちらを利用しております。前の年は、ドイツ語を復習する一年としましたが、今年はフランス語に挑戦しています。もちろん、英語の方は昨年に引き続き継続です。

錆びついた語学を鍛え直すことが、思いもよらぬ成果を導きだしたことに、僕自身、少々驚いています。

ひとつは、そして、現実には外国語を使うとは思ってもいなかったのですが、現在の職場で外国語を使う機会がちょこちょこあったりして、「芸は身を助く」ことになっています。直接的なやり取りの他、広報的な発信に取り組むことなど自分がやるとは思ってもいませんでしたので。

もうひとつは、外国語を学ぶということの意味をあらためて考えることができたことです。

そして、外国語を学ぶことの意味を考えるということは、そのまま自分がデフォルトで使っている言語についても考え直すことへと繋がり、たとえば、現在の国語教育改革について考えることへと連鎖しました。

何かを考えたり、学ぶことというのは、一見すると何の繋がりもないように見えているものや事柄が、実は複雑に絡み合っている、あるいはリンクしているのだなあとしみじみと考えさせられるものです。そしてその意味では、そういうことに気づくこととしてのきっかけに学問の存在意義もあるのだなあと考えています。

■ 修行としての外国語学習

前置きが長くなりましたが、外国語学習についてです。

人によっては様々な考え方や印象、あるいは気持ちというものが存在するとは思います。外国語学習に対する態度というのも千差万別ですので、一概にコレという話にはなりませんが、外国語学習を楽しいと考える人間は、どうしてそれを楽しいと理解してしまうのか最近考えています。

具体的に言うならば、英語は苦手という人は数多く存在します。学校教育のおかげで、英語と聞くだけで凍りついてしまう人間も実在します。その一方で、そうではない態度を抱く人間も存在し、僕はどちらかといえば後者に属する人間のひとりです。

その立場から、語学学習がなぜ楽しいのかを考えてみると、理由はいくつかあります。これまでも何度か言及してきたものですが、ただ単純に新しいことを学ぶのが楽しいというのもそのひとつです。

その次に指摘できるのは、その学習自体が「何かを修行しているようで楽しい」というのに尽きるのではないかと最近、感じ始めています。

修行と聞くと大げさに聞こえるかもしれません。

しかし、無心になって、単語を覚えたり、文法を覚えたり、あるいはシャドウイングしたりするのは、剣豪が一心不乱に集中することと変わりはありません。

要は雑念を払い、そのことのみに集中することが楽しいということです。

ランナーズハイという言葉がありますが、語学の学習にもそれに似た楽しさ、あるいは高揚感があり、それが語学学習のひとつの楽しみになっているのではないかということです。

■ 余暇としての修行

そして、僕はランナーズハイの高揚感を一歩進めてみたいとも考えています。単なるランナーズハイで終わってしまうならば、それは好事家の独りよがりと錯覚されてしまうからです。

スポーツが好きであるとか、何かが好きという次元を超えて、この修行のような集中は、人生においてそのほかのことにも影響を与えることができると考えています。

それは、言うなれば余暇としての語学学習という楽しみです。余暇とは英語でレクリエーションと言い、「re・creation」となります。

「re」とは、繰り返しを意味する接頭語で、「creation」は創造を意味します。ここから合成されたレクリエーションとは、「再び創造する」という意味になります。

この語源から派生して、現在では、再び創造的な、あるいは生産的な活動をするための休養としてこの言葉が使われています。それが余暇としてのレクリエーションです。

大辞泉では、次のように定義されています。

《「リクリエーション」「レクレーション」とも》
仕事・勉学などの肉体的・精神的疲労をいやし、元気を回復するために休養をとったり娯楽を行ったりすること。また、その休養や娯楽。

仕事や暮らしのルーティーンワークは、時として、人を疲弊させてしまいます。そうしたときに、ちょっと気分転換をしてみたりすることが人間には必要ですよね。

日常生活からのちょっとした寄り道やエスケープが、再び、日常生活へと人を連れ戻してくれる契機という話です。

しかし、ちょっとした寄り道やエスケープが物理的に不可能な場合もありますよね。そうしたとき、日常の雑音から離れた専念、あるいは集中というものがその代替にもなるのではないと考えた場合、一日5分や10分の外国学習への雑念を払った集中というものが、僕の場合、何かをクリエイトする契機にもなっているのが現実です。

その意味では、日常生活からの離脱としての余暇として、外国語学習への集中もあり得るのではないかと考えてみましたがいかがでしょうか?

哲学の小径

ひとの求める休息は、まず第一に、肉体と精神とをまったく働かせず、あるいはなるべく怠けることによって得られるのではなく、むしろ反対に、心身の適度な、秩序ある活動によってのみ得られるものである。（中略）だから、本当の休息はただ活動のさなかにある。すなわちそれは、精神的には、仕事が着々とはかどり、課せられた任務がよく果たされていくのを見ることによって得られるし、また肉体的には、毎夜の睡眠や、毎日の食事など、自然に与えられる合い間の休みや、何事にもかえがたい日曜日の休養のオアシスの中に、真の休養は得られるのである。

出典：ヒルティ（草間平作訳）『幸福論　第一部』岩波文庫、1961年。

休みを取ると一口に言っても、その目的に従って内実は異なったりしませんか？　たとえば、学校や仕事でくたくたになってしまい、体に溜まった疲れを取り除きたいときに休みを取る場合もあれば、休みを利用して、身体的には仕事以上に疲れるような、スポーツに励んだりすることもありますよね。

伝統的に西洋社会では、前者を「休息」と呼び、後者を「閑暇」と呼んで区別します。こうした余暇についての考え方は、古代ギリシアのアリストテレスにまでさかのぼります。

人間が幸福に生きるためには、徳を身に着けていくことが重要だとアリストテレスは考えましたが、余暇こそが徳の源泉とも言います。

人間という生き物は平安な幸福を求めて日々の仕事に従事します。そこで余暇が必要になりますが、仕事を続けるために必要不可欠なのが体を休める「休息」であり、それと同時に、よき魂を養う「閑暇」が必要と説きます。「閑暇」とは仕事とは無関係に、それぞれの個々人が時間や空間を費やして幸福を追求するための余暇のことです。たとえば、音楽や芸術、あるいは学問を通じて心と体を涵養するための、仕事とはかけ離れた時間のことです。自分を高めるような契機にふれることで徳を養い人間性を高めていくことができると考えたわけです。

西洋哲学ではこうした徳の涵養を「幸福論」という系譜で扱い、高潔な人徳あふれる思想家たちによって著されてきましたが、スイスの思想家ヒルティ(1833-1909)もそのひとりです。ヒルティは人間性を高めるための休息を「心身の適度な、秩序ある活動によってのみ得られるもの」と言いますが、立ち止まって何かを組み立て直していく、あるいは新たに創造していくレクリエーションもそのひとつではないかと僕は考えています。レクリエーションが徳を育んでいると聞けば大げさに思うかもしれませんが、そんなに大げさな話ではないかもしれません。何しろ、それによって、さあ、またがんばろうと思えるわけですからね。

07 いい世の中をつくるための仕事

ベルリンの壁崩壊（1989年）の背景には、「いい世の中をつくるため」に人々が生業（ベルーフ）に精を出し続けたことだと考えています。

いい世の中とは、おまかせしてできるものではないことを最近深く考えています。

■ むかし「戦後」という時代があった

大好きな著述家のひとりが、関川夏央さん（1949－）です。

関川さんの作品で異色を放つのが『砂のように眠る』（新潮文庫、平成9年）ではないかと思います。創作と時代批評を交互に繰り返しながらひとつの作品として「むかし『戦後』という時代があった」（副題）ことを追跡する一冊で、「自分と自分に似たひとびとの生きた『戦後』時代を可能な限り客観的立体的」に描いた作品です。

僕としては、関川さんのその試みは見事に成功しているように思います。

さて、『砂のように眠る』の中の短編「クリスマスイブの客」は、昭和30年頃の北陸のクリスマスイブが舞台です。クリスマスケーキを帰りに買ってくる父を待つ、「わたし」と母のもとを訪れたのは、かつて館山で「特攻隊」として父と苦楽を共にした「長谷川さん」です。大阪行の列車の待ち合わせで途中下車し、長谷川さんは知己を訪ねたそうですが、待てども父は帰ってきません。長谷川さんから「さまざまなお菓子が入っている」「赤い厚紙で作った靴下」をクリスマスプレゼントとして頂いた8歳のわたしは、母とともに長谷川さんを駅まで見送ることになります。

「ひとりものです。天涯孤独みたいなものです」と語る長谷川さんは、復員後、苦労の連続で、かなり危ない仕事に就いたこと、相棒に裏切られたこと、そして「胸に影ができて清瀬の療養所」に入ったこともあったそうです。そして今では、さる団体の職員となり全国を駆け回っているそうです。

■ いい世の中をつくるための仕事かなぁ

「わたし」は、長谷川さんが「いつも汽車に乗っている」ことが「とてもうらやましかった」そうです。父に読むように勧められた『次郎物語』は苦手で、いつも眺めていたのは「地図帳」で、ラジオの天気予報を好んだそうです。「見知らぬ地名を、大陸を這うまだらの紐のような鉄道線路沿いに追いつづけ、口の中でつぶやきつづけて飽かなかった」、そして「天気予報はわたしの想像力の範囲を『内地』から『外地』へとひろげた」といいます。汽車で全国を駆け巡る長谷川さんを羨ましがったのもムリはありません。


「いつも汽車に乗らなきゃいけないのさ」

「国鉄のかんけいですか」

「そうじゃないんだな。でも国鉄にも仲間はたくさんいる」

「なにをする仕事ですか」

長谷川さんはベンチに寄りかかって両腕をまっすぐにのばした。（中略）

「そうだなあ」と彼はいった。「いい世の中をつくるための仕事かなあ」

「いい世の中をつくるんですか。汽車に乗ってるとできるんですか」
「できるさ。たいへんだけどね、いつかできるさ。そういうこともお父さんと話したかったんだけど、ほんとは」

出典：関川夏央、前掲書。

長谷川さんと父が再会することはその後もなく、年賀状が何年か届き、選挙の頃にもハガキが来たといいます。長谷川さんは、戦後民主主義の産声のなかで新しい人生を切り開いていった人の一人ではないかと推察されます。そのアプローチは、特定の職業に限定されるものではないことは言うまでもありません。しかし、職域を超え、人々がそれぞれの生業（ベルーフ）に励むなかで、「良い世の中をつくるために」精を出すことで、それがいつか実現できると考えられた時代があったことに留意したいと考えています。

■ハンマーを持て、バカがまた壁をつくっている

さて、手前味噌で恐縮ですが、先日、僕のツイートが「広告朝日」で紹介されました。

「ツイートされた新聞広告」というもので、「1988年からスタートした企業広告。今年は計5紙、3テーマで掲載」というウェブ記事で、宝島社の企業広告についてです。

「ハンマーを持て。バカがまた壁をつくっている。」2020年1月7日の朝日新聞朝刊に、宝島社の企業広告が掲載されました。平成元年の出来事であったベルリンの壁崩壊をモチーフに、時代は本当に変わったのか、新元号となり初めて迎えた年明けのタイミングで次の世界の価値観について考えを促すメッセージとなっています。

出典：「ツイートされた新聞広告」

この広告に対しては、いろいろと考えることができると思いますが、僕は、次のように考えてみました。

2020年1月7日付『朝日新聞』に掲載された宝島社の広告がインパクトありますね。

バカがまた壁をつくっている／ハンマーを持て。
ベルリンの壁崩壊から30年。今度は今度は見えない壁だ。
壁崩壊のその日その時、僕は高校生。そして時流を歓迎しおまかせしただけでした。今こそハンマー持つ時ですね。

出典：氏家法雄のツイート

第二次世界大戦の終了は、人びとに自由と平等を約束するものでしたが、時代は決して約束を守るものではありませんでした。

しかし、人びとが根気強く「良い世の中をつくるために」精を出し続けた結果がベルリンの壁の崩壊を導いたことは事実です。そこに注目すれば、時代により具体的なアプローチが異なることは承知しつつも、「時代は変わらない」と諦めるのではなく「良い世の中をつくるために」精を出すというエートスは今こそ見直され、鍛え直されるべきではないかと僕は考えています。ベルリンの壁が崩壊したその時、僕は高校生で、「時流を歓迎し」ただ「おまかせ」しただけでした。その結果が現在世界の迷走だとするならば、デタッチメントではなくしなやかなアタッチメントが必要ではないかと考えています。

忍耐強い攻撃と、正義という名の兵器を毎日のように使って、その悪を攻め続けなければならない。

出典：マーチン・ルーサー・キング（猿谷要訳）『黒人の進む道』サイマル出版会、１９６８年。

公民権運動の父にして非暴力不服従運動の戦士・キング（１９２９－１９６８）は、「悪の機構は、受け身で待つだけでは滅びることはない」と指摘し、徹して攻撃していかなければならないと言います。

非暴力というキーワードを耳にしますと、お花畑の真ん中にいるようなポエムの如きイメージをするかもしれませんが、実際にはそう生易しい営為ではありません。確かにキングは拳を挙げることを否定します。それが何よりも不毛であり、負の連鎖を積み重ねていくからです。しかし、人間を苦しめようとする負荷に関しては徹底的に戦いを挑みました。攻撃を受ける悪は激しく抵抗するともキングは言います。

「悪は激しく抵抗する。ほとんど狂信的な反抗を示す。自ら進んでその砦を廃止することは決してない」。

ゆえに、徹してその悪を進軍ラッパを吹き鳴らすように不断に追及していかなければならないのだと。キングの信念とはまさに、「悪を傍観するな!」というものです。

目の前の不正義や諸悪に対して、関わっていくことは非常にしんどいことだと僕は理解しています。誰しも、誰かがその問題を解決してくれるんじゃないかと考え、そのまま放置してしまうことの方が多いのではないかとも思います。

しかし、皆が皆、丸投げしてしまうと、その担い手は不在で、問題は放置されたままになってしまいますよね。そして場合によってはさらに悪くなっていってしまうのが私たちの世界です。だとすれば、世界に関わっていくきっかけや扉は、人それぞれであったとしても、少し意識を持ってアタッチメントしていくことが大切じゃないのかなあと僕は考え、できることを実践するよう心がけています。

人によって得意不得意はもちろんありますが、それはそれでよいのだと思います。自分の得意分野から関わっていけばよいわけですから。そして千差万別のアプローチで、世界に対して関わっていく人が多くなれば、「いい世の中」は実現するのだと思います。

08 洗濯もののたたみ方ひとつも知らんの？

20世紀最大のドイツの哲学者・ハイデガー（1889－1976）がナチズムへと収斂していったひとつの原因は、彼自身の大衆社会批判におけるいらだちや焦りといったものです。不幸なことですが、現状へのいらだちや焦りが募れば募るほど、実は、批判されている問題がますます解決不可能になってしまうのが世の常というものです。私たちが問われていることとは、「お前らアホか！」（知識人）と「偉そうに言うな」（民衆）という不毛な応酬を架橋していく叡智なのではないでしょうか。

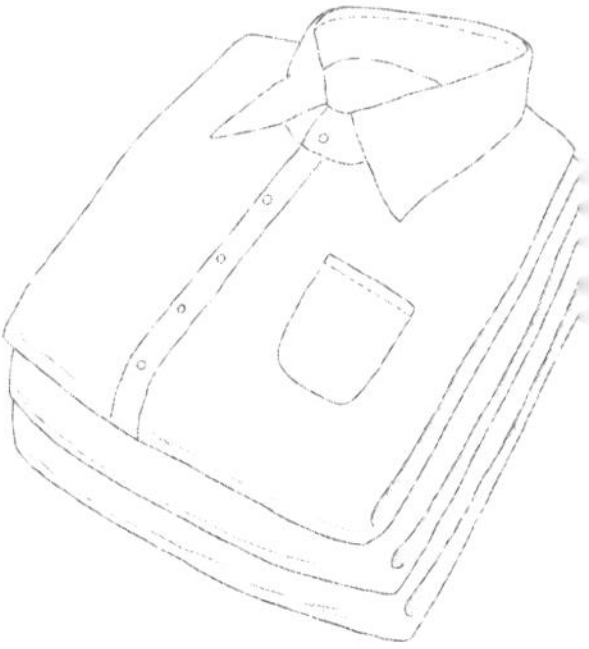

■ 意味のある大衆社会批判へ向けて

産業革命以降、現代社会の雛形が形作られますが、そこから現在まで形を変えながら流行しているのが、大衆社会批判と呼ばれる批評の立場です。

ハイデガー風に言えば、本来の自己を見失い、社会の中に埋没してダス・マン（ドイツ語で「Das Man」）として生きる大衆への批判ということになるでしょうか。喜劇王チャップリン（1889－1977）の映画『モダン・タイムス』を想起すると分かりやすいと思います。

かけがえのない個性を失い、交換可能な機械の歯車のように生きる。より正確に表現するならば、「生きざるを得ない」のが人間の生の実際ですが……。こうした人間の生とは、確かに人間らしくない生き方です。批判され、そしてその生き方を改めていくことが必要であると僕も考えます。

しかし、その批判というものが、その事実を知っている人間とその事実を知らない人間の間における序列化をするような、選民思想のようなものへと収斂していった場合、その批判は、きわめて危険な優生主義へと変貌してしまうのが、人間の歴史ではなかったでしょうか。端的に言えば、ことの真相を熟知した知識人が「上」で、その事実を知らないで生きている民衆が「下」という分断です。

ハイデガーの批判は正鵠を射るものでしたが、彼の現状に対する焦りやいらだちは、最終的にナチズムという力へと親和してしまいました。人間らしくない生き方を改めていくためには、大きな力を借りたり、相手をバカしたりするのではなく、たとえば、膝詰めの説得や共感の拡大が必要となります。しかしその手間を端折ってしまえば、正しくしようとする批判はうまく機能しません。

■ 課題は批判と反発の超克

〝ダス・マン〟として生きている人だって別にそれがよいと思っているわけじゃないですよね。こうしたライフスタイルがよいわけじゃないけれども、どうすればよいのか端緒が見い出せないのが事実ではないでしょうか。

そうした事態に対して、いきなり上から目線で「悔改めよ」と言われたところで、何の解決にもなりませんし、言われた方は言われた方で、「偉そうに言うな」と頑なになってしまいます。

人間の現在の状況を開拓していくという意味でも批判精神は必要不可欠ですが、それが上下に序列化した立場で発せられてしまうと、批判は批判として機能しません。俗な言い方で言えば、「お前ら、アホか！」というものの言い方となってしまえば、「偉そうに言うな」と反発してしまうのは必然です。そして、これほど現実を開拓することから程遠い不毛はありませんよね。

だとすれば、課題は、この不幸をどう超克していくのかということになると考えます。いつの時代もそうですが、人間の現在がバラ色とは程遠く、様々な困難が潜在する状況であることは、ハイデガーのような知識人にせよ、ダス・マンと批判される普通の人にせよ、承知しています。

■「洗濯もののたたみ方ひとつも知らんの？」

では、批判を問題の解決のために役立てるためにはどうすればよいのでしょうか？まず、お互いの話に真摯に耳を傾けることから始める他ありません。そして、相互に現状を訂正していくこと。これを丁寧に繰り返していくことで、グダグダな現状はより善きものへと改善されていくものだと僕は考えています。

たとえば、洗濯ものをたたむという行為に注視してみましょう。洗濯ものをキレイにたたむことができれば、ちょっとうれしいですよね。

しかし、そこに「男子だから少々下手でもいいよ」とか「女子はキレイにたたむことができて当然」というフレーズが続くと問題かもしれません。これは、性別役割分業と呼ばれる生活規範のひとつです。

家族社会学を参照すれば、この「男は仕事、女は家事」といった役割分業には歴史的根拠はありません。囚われる必要のないライフスタイルですから、「女子だから」あるいは「男子だから」という物言いは改めた方がよいと思います。

しかし、そうした歴史的経緯を説明して終わりでは、実は何も解決しません。以前、こうした話を友だちとしている時にそのことに気づかされたのですけどね。

つまり、「性別役割分業に囚われすぎるって馬鹿らしくない?」と僕が説明したところで、「ウジケさんは偉そうに知識をひけらかすよね。口では正しい理屈を説明するけど、実際には普段から洗濯ものを綺麗にたためているの?」と言い返されてしまえば、生活の改善も展開もなく話はそこでおしまいですよね。

ですから、僕は正しいことを説明するだけでなく、日常生活での実践に取り組む必要があります。

知識人は理屈をこねて終わりではなく実践すること、そして生活者は理屈を無視するのではなく理屈に学んでいく――すべては生活の現場から始めていく。まずは、ここからではないでしょうか。

最近、そんなことを考えています。

哲学の小径

知ることから理解すること、感じることへの移行、あるいはその逆に感じることから理解すること、知ることへの移行。民衆的分子は「感じる」ことはあっても、つねに理解し、知るとはかぎらない。また知識人分子は「知る」ことはあるが、つねに理解することはかぎらないし、とりわけ「感じる」とはかぎらない。……知識人の誤りは、理解することなしに、とりわけ感じることなしに、情熱なしに（知ることそれ自体だけでなく、知る対象にたいしても）知ることができると「信じている」ことにある。

出典：アントニオ・グラムシ（松田博訳）「知識人とヘゲモニー『知識人論ノート』注解」、『グラムシ「獄中ノート」著作集』明石書店、第Ⅲ巻、２０１３年。

二十世紀英語文学と密接に関わる文芸批評の立場に、ポストコロニアル（postcolonial）批評と呼ばれる分野があります。ポトコロニアルとは、文字通り「植民地支配以後」という意味ですが、植民地支配による負の遺産を、現在に生きる自分たちの課題として見つめ直そうとする知的立場のことを言います。具体的には、私たちが自明と見做すことで見逃してしまう負性を暴き出し、その更新を迫り続けるスリリングな営みです。

インド出身でアメリカ合衆国で教鞭を取る哲学者ガヤトリ・チャクラヴォルティ・スピヴァク（１９４２-）もその一人で、インドと合衆国を往復しながら、人びとと協同しながら差別や貧困と戦い続けているといいます。

ここでは知識人と民衆の関係を取り上げてみましたが、知識人はいったい、どのようにあるべきなのか？

彼女の思索と実践に大きな影響を与えたのがイタリアのマルクス主義の哲学者アントニオ・グラムシ（1891-1937）です。

知識人にせよ、民衆にせよ、これまでのあり方であり続ける限り、両者の不毛な対立は終わりません。だとすれば何が必要なのでしょうか？

グラムシによれば、「知ることから理解すること、感じることへの移行、あるいはその逆に感じることから理解すること、知ることへの移行」だといいます。

知識人は民衆をバカにするのではなく、その生活に学び、情熱をもって理解することが必要になります。この言葉を抱くスピヴァクは、民衆と知識人はお互いに学びながら、相互に訂正し続けていくことを強調します。

お互いに関わり続け、そして学び合うなかで、学問は生活のなかで生かされ、生活はそのことでより豊かになっていくのだと僕は考えます。

読書案内

《第1章　暮らしを振り返りながら》

01　ぼーっとしていることは悪いことなのか？

アメリカの思想家ソローは、今でいうエコロジーの嚆矢となる人物です。飯田実訳『森の生活』（岩波文庫）や、森を歩いた随想録、山口晃訳『歩く』（ポプラ社）は生態系について考えるだけでなく、自分という人間について様々な角度から考え直すきっかけを提供してくれます。佐藤雅彦訳『ソローの市民的不服従　悪しき「市民政府」に抵抗せよ』（論創社）は、民主主義の機能不全が問われる現在だからこそ、参照したい一冊です。

02　当たり前から抜け出してみる

この項では、アリストテレス著作を紹介しましたが、『形而上学』（岩波文庫ほか）、『ニコマコス倫理学』（岩波文庫ほか）あたりは眼を通しておきたい哲学の古典です。入門書としては山口義久『アリストテレス入門』（ちくま新書）が入りやすいと思います。

そのこと自体が良いことなのか悪いことなのかは早急に結論づけようとは思いませんが、それでも西洋文明が現代世界の骨格となっているのは事実ですよね。そのひとつの源流となるのがアリストテレスやプラトンの活躍した古代ギリシア文明です。ホメロスからヘレニズム時代の哲学まで概観し、ギリシア人の思想の特質を浮き彫りにした名著が岩田靖夫『ギリシア思想入門』（東京大学出版会）です。こちらから先に読んでもいいでしょう。

03 ボールペンという思考の軌跡

小説をおすすめするというのが僕は一番むずかしいと考えているのですが、それでも佐伯一麦さんの作品で一押しするのは、『渡良瀬』（新潮文庫）でしょうか。何よりも、職人仕事の描写がうまいことと、変化が少しづつ進むところに惚れています。

日々の暮らしの細部に注目することで人間とはいったいどういう生き物なのかを探求するのが民俗学という学問です。その魅力を縦横無尽に語る一冊が、島村恭則『みんなの民俗学　ヴァナキュラーってなんだ』（平凡社新書）です。民俗学の対象へのアプローチは、私たちが暮らしのなかで「ものを考える」うえで非常に有意義なものとなります。

04 日の出・日の入りの時間を記録してみる

ここで紹介したショーペンハウアーの『読書論』は、最上の読書論と評されていますが、同じく本書に収録されている「思索」と「著作と文体」も必読のショートストーリーです。私たちは普段「言葉」を使ってものを考えますが、そのスタイルや意義についての名文です。最近翻訳された鈴木芳子訳『幸福について』(光文社古典新訳文庫)も読んでおきたい名著ですね。幸せになるための最良の方法とは、自分自身を育んでいくこととショーペンハウアーは説きますが、この考え方はその読書論と交差するものです。

05 梅雨時こそ「雨ブレーク」

ここでは梅雨という風物詩を導きとしましたが、梅雨を深堀りしてみるのも楽しいものです。文・高橋順子、写真・佐藤秀明『雨の名前』(小学館)は、422語もの雨の名前を取り上げ、豊富な図版で雨そのものの魅力を私たちに伝えてくれます。梅雨には様々な雨が隠れていること、そして地域によっても呼び名がことなってくる「雨」を知るだなんてなんだか楽しいですね。倉嶋厚、原田稔編著『雨のことば辞典』(講談社学術文庫)は、雨の言葉だけを集めたユニークな辞典で、こちらもおすすめです。確かに天気が悪いのは嫌でしょうが、雨という言葉は「恵みを表すことばが意外にも多い」そうです。これは私たちが見落としがちな視点です。

06 暮らしを輝かせる寄り道

柄谷行人さんは、文芸評論家として、思想家として数多くの著書を世に送り出してきましたが、おすすめの数冊を絞るとなると実は至難の業です。ですが、まずひもときたいのは、『世界史の構造』(岩波現代文庫)でしょうか。柄谷さんは、社会構造を考えるうえで交換様式に注目します。マルクスは生産様式に注目することで社会を理解しましたが、それでは説明できなかった事象を交換様式の視点から読み解いていくのはなかなかスリリング。台湾の政務委員を務めるオードリー・タン(唐鳳)も柄谷さんのこの考え方に注目しているそうです。柄谷さんの最新作『ニュー・アソシエーショニスト宣言』(作品社)は、資本と国家の呪縛から逃れた自由な来たるべき社会を構想する一冊で、こちらも必読です。

07 たまには「海を見る」

大学で私たちは、いったい何を、どのように学べばよいのでしょうか?

J.S.ミル(竹内一誠訳)『大学教育について』(岩波文庫)は、大学教育の原点と理念を指し示す名高い講演録です。大学で学ぶこととは職業教育ではなく、教養を学ぶことだとミルは強調します。教養こそ知識を正しい方向に導くとの考え方はコンビニエンスな現代だからこそ深く刻みたい言葉です。福澤諭吉の自伝『福翁自伝』（岩波文庫）は、学ぶことの楽しさを伝える一冊です。意外と抱腹絶倒な人生を福澤が送っていることにも注目です。

近年、「文系は役に立つのか？」といった難癖が繰り返されますが、学問を近視眼的な利益追求に直結させることに継承を鳴らすのがマーサ・C・ヌスバウム（小沢自然、小野正嗣訳）『経済成長がすべてか？　デモクラシーが人文学を必要とする理由』（岩波書店）です。どの分野であれ、「近視眼」で眺めたくないものです。

08　本当に「毎日は同じことを繰り返している」のか

小説家の小説そのものよりも、時としてエッセイ集とか類が抜群におもしろいことがあります。もちろん、それは比べるものではありませんが、村上春樹さんの『村上朝日堂』シリーズ（新潮文庫）は、今から30年以上前に書かれたものですが、暮らしの盲点を軽妙な語りで啓いてくれる好著でおすすめです。

そして、レヴィナスです。リトアニアでユダヤ人として生まれ、第二次世界大戦を経験したレヴィナスは、常にホロコーストのことを考えざるを得ませんでした。フッサールの現象学とハイデガーの存在論から出発し、人は何のため生きるのかを徹底して考え抜いた哲学者です。人間が生きるとは常に他者と共に生きることです。その意義に対する深い洞察は独自の倫理を生み出しますが、その結晶が熊野純彦訳『全体性と無限』（岩波文庫）です。こちらも少々難解な著作ですが、村上靖彦『レヴィナス　壊れものとしての人間』（河出書房新社）などと合わせて読んでほしいと思います。

《第2章　暮らしの中で驚いてみる》

01　田植えっていつ始まるの？

日常生活などあえて点検しないからこそ「毎日は同じことを繰り返している」と私たちは錯覚しますが、そうした暮らしを点検する好著が、ロバート・ロウランド・スミス（鈴木晶訳）『ソクラテスと朝食を　日常生活を哲学する』（講談社）です。暮らしのなかでの身近な行為や出来事を哲学的にチェックする本書は、点検の「仕方」を様々教えてくれます。

そしてこの項では、僕の趣味である「写真」を紹介しましたが、写真そのものも哲学の対象となります。ロラン・バルト（花輪光訳）『明るい部屋　写真についての覚書』（みすず書房）、ヴァルター・ベンヤミン（久保哲司訳）『図説　写真小史』（ちくま学芸文庫）は、写真を素材としながら、こういうふうに考えることもできるのか、と私たちに新たな視点を示してくれます。吉満義彦入門としては、若松英輔さんの『吉満義彦　詩と天使の形而上学』（岩波書店）をすばらしい名著としておすすめします。

02　蛇口の開閉方向を知っていますか？

ここではパスカルと三木清を導きの哲人としましたが、パスカルの前田陽一ほか訳『パンセ』（中公文庫）、三木清『人生論ノート』、『哲学ノート』（共に新潮文庫）は必読の名著です。加えてモンテーニュ（原二郎訳）『エセー』（岩波文庫）も紐解きたいユマニズムの名著です。エセーは、時代小説家の池波正太郎さんが愛読したとも言います。文化と時代を超えて読みつがれる書物こそ本物だと僕は考えています。小説家、堀田善衞さんの『ミシェル　城館の人』（集英社文庫）は、優れたモンテーニュ伝です。激動の16世紀を、モンテーニュがどのように生き抜いたのかを知ることは、現代を生きる私たちにとっても決して無駄ではありません。

03 「とにかく分からなくてもいいや」でいいのか知らん？

「よくわからないまま生きてきましたが、気がついたらＡＩに仕事が奪わていました」と10年後に告白することになるほど、未来は暗くはないと僕は考えていますが、それでもＡＩにできること・できないことを精査し、今必要な取り組みへと私たちを促す新井紀子『ＡＩｖｓ．教科書が読めない子どもたち』（東洋経済新報社）は読んでほしい一冊です。人間がＡＩに勝つためには「読解力」を磨くしかないとの指摘は、暮らしのなかで哲学することの意義に相通じる視点です。菅付雅信『動物と機械から離れて　ＡＩが変える世界と人間の未来』（新潮社）は、ＡＩの未来について、世界各国の先端の学者たちにインタビューしたもの。ＡＩは、自由や人権、民主主義の観念をどう変えるか等、科学の側面以外の観点からも切り込む論集です。いずれにしてもＡＩを考えること自体が人間そのものを考える契機になっていることに留意したいですね。

04 誤答のなかにこそ豊かな発想の可能性がある

そもそも、勉強っていったい何でしょうか？　そんなことを考える前に勉強させられてしまうから苦手になってしまうのだと思います。そんな時、ひもときたいのが千葉雅也『勉強の哲学来たるべきバカのために』（文春文庫）。私たちは、無意識のうちに学校や職場のノリに合わせて生きています。勉強とはそうしたノリから自由になるための技法だと著者は言います。ただし、「やりすぎてはいけない」のだとか。さて、この項では学校英語を取り上げましたが、英語の学び直しには、澤井康佑『英文法再入門』（中公新書）がおすすめです。帯に「高校生のときにこの本を読んでいれば」とありますが、今からでも十分間に合います。

05 子猫に噛まれてみる

猫を哲学の対象としてみることもできます。これが哲学のおもしろいところですが、フロランス・ビュルガ（西山雄二、松葉類訳）『猫たち』（法政大学出版局）は、動物行動学、現象学、精神分析の視座から猫を取り上げ「見知らぬ者とともに生きる哲学」を抽出するめずらしい一冊です。もちろん、マルク・アリザール（西山雄二、八木悠允訳）『犬たち』（法政大学出版局）もあります。犬派の方はこちらでしょうか。

さて、アーレントです。ここでは『イェルサレムのアイヒマン』を取り上げましたが、志水速雄訳『人間の条件』（ちくま学芸文庫）も合わせて読んでほしいと思います。アーレントは本書で、政治とは何かという問題を考察しますが、政治とはどこまでいっても言語の問題へと収斂していきます。一度は、言語を媒介として他者とどのように生きていくのかといった問題と格闘することは僕は大切だと考えています。人間ひとりでは生きていけませんからね。

06 蒐集という楽しみ

趣味的なことを、学問としてまともに考える立場を「美学」に見出すことができると僕は考えています。私が気に入ること、美しいと感じる事柄を趣味と呼べそうですが、それを他の人も同じように感じることがありますよね。その共有の仕組みを探究するのが哲学の一領域を形成する美学です。その優れた導きとなる一冊は、中井正一『美学入門』(中公文庫)です。私たちはきれいを感じることはできますが、きれいを理論的に考察するのは難しいですよね。感覚的なものを端正に考察する中井正一の思索は、どこからでも私たちは学ぶことができるという事実を物語っているように思えます。

07 エアコン掃除をしながら考えたこと

この項ではデカルトの言葉を頼りにしながら、デフォルトを疑うことの大切さを考えてみましたが、やはり谷川多佳子訳『方法序説』(岩波文庫)は読んでおきたいですね。デカルトの考え方がなければ近代市民社会は成立しなかったとも言われるほどの思索が方法序説には詰まっています。かけがえのない個人という発想もデカルトあってこそなのです。訳者、谷川多佳子さんの『デカルト「方法序説」を読む』(岩波現代文庫)は優れたデカルト入門です。こちらも合わせて読むことをおすすめします。

08 VRとしての読書

歴史家の色川大吉さんほど多彩な顔をもつ学者はなかなかいません。ある時は八ヶ岳を滑降するスキーヤー、またある時はシルクロードを横断する旅行家、またある時は、水俣病の問題に迫る調査団長等など。計り知れない「行動力」の人というのが色川さんの本質だと僕は理解しています。そんな色川さんが注目するのは民衆の精神史で、歴史に埋もれた自由民権運動の人々の記憶を掘り返し、そこから幾重もの「未発の契機」を掬いあげる名著が『明治精神史』(岩波現代文庫)です。優れた宮沢賢治論を収録した『色川大吉歴史論集 近代の光と闇』(日本経済評論社)もおすすめです。

《第3章　暮らしの中で考えてみる》

01　女湯での戸惑い

新型コロナウイルスの感染拡大を受けて世界中で再び注目されているのがフランスの作家、アルベール・カミュの長編小説、三野博司訳『ペスト』（岩波文庫）です。物語の舞台は1940年年代、アルジェリアの都市オランで、街にペストが蔓延する渦中での人々の協同が描かれた作品です。

非常事態のなかで、人々が現状を開拓しようと支え合う姿は、危機の時代においての変革への指標となるものです。政治学者宮田光雄さんは、『ペスト』に注目し、『われ反抗す、ゆえにわれら在り　カミュ『ペスト』を読む』（岩波ブックレット）という一冊を著しています。「不条理に人間としてどう立ち向かうか」。現代日本の民主主義を危機の時代と捉える宮田さんは、カミュの反抗の論理を参考にしながら、社会変革への具体的な道筋を論じています。こちらも合わせて読みたいですね。

02 読むことと書くこと

書くという言葉は「容易に言葉にならない豊穣な何ものかを発見する」ことを意味すると論じる若松英輔さんの優れた生活文化論が『生きていくうえで、かけがえのないこと』(亜紀書房)で、書くことのほかに触れることや聞くこと、あるいは愛することなど、私たちの経験から「かけがえのないこと」を掴むヒントを教えてくれます。読むことと書くことを改めて考えるうえでは必読の一冊です。経験といえば、ベーコンはイギリス経験論の系譜の思想家ですが、桂寿一訳『ノヴム・オルガヌム　新機関』(岩波文庫)もぜひ、ひもといていただきたいと思います。どのように誤謬が現れ、私たちはそれを退けることができるのか。一度は踏まえておきたい重要な哲学的探求です。

03 恵まれた環境が思考や創意工夫の力を奪っているとすれば

頭だけで理解しようとするとどうしても限界がありますから、手間ひまかけた手作業を生活の中に取り込むべきだと僕は考えていますが、この「手」そのものへ注目するのが伊藤亜紗『手の倫理』(講談社選書メチエ)です。他人へのふれ方、さわり方によってそれは親密さの表現にもなれば、暴力にもなります。触覚が開く関わりの可能性をじっくり探る一冊で、一見すると

「当たり前」のように思われている事柄の豊穣さを見せつけてくれます。同じく伊藤さんの当事者研究の成果といえる『どもる体』（医学書院）もおすすめです。

04 「学校の勉強は一切役に立たない」のか？

作家の村上春樹さんは、学校の勉強が役に立ちにくい理由を即効性と小さなやかんと比喩していますが、遅効性や大きなやかんといったものがその対極に位置します。僕はその代表を文学や哲学の古典的名著と考えています。なぜなら、自分の体と頭のなかでじわじわと煮詰まり自身の糧へと転換されてゆくものだからです。

ではどういった古典からひもとけばよいのかと悩んだとき、第一に手に取りたいのはイタロ・カルヴィーノの優れた古典案内である、須賀敦子訳『なぜ古典を読むのか』（河出文庫）です。「古典とは、人から聞いたりそれについて読んだりして、知りつくしているつもりになっていても、いざ自分で読んでみると、あたらしい、予期しなかった、それまでだれにも読まれたことのない作品に思える本である」とカルヴィーノは言いますが、こんな言葉を耳にすると、古典を読みたくなりますよね。

05　獅子舞に関する一考察

私と他者はどのような関係であり、どのように共同体を形成していけばよいのかとは実に難問です。哲学では倫理学がこの分野を扱い、具体的な社会構想としては、政治哲学など社会思想が取り扱います。倫理と聞けば、やはりキーワードの暗記のようなイメージが、おして政治と聞けばどこか遠くのイメージがつきまといますが、獅子舞をキーワードに考えてみただけでも、少しは身近なものに感じられたのではないでしょうか。幸福をキーワードとしながら、自分と世界の関係を考察する倫理学入門が森村進『幸福とは何か』（ちくまプリマー新書）です。何のために自分は生きているのか等など自分で考える優れた倫理学入門です。宇野重規『未来をはじめる　「人と一緒にいること」の政治学』（東京大学出版会）は、政治思想が私たちの生活にどのように関わってくるのかを具体的に解き明かす好著でおすすめです。

06　身体化される言語と、身体化を拒む言語

意外に思われるかもしれませんが、伝統的に哲学は、心と身体の問題については二十世紀になるまで真面目に考えてこなかったのかもしれません。

プラトンは、肉体は魂の牢獄と考え、心身二元論の立場をとったデカルトは、人間の身体

を精巧な自動機械であるとみなしました。しかし、人間がものを考えるということは、人間の身体と密接な関係を持っています。身体的な痛みは思考に影響を与え、その逆もまた然りです。こうした「人間的認識がかならず自己の身体を通じてでなければ生起し得ないことを徹底的に明らかにすること」を目的として著された二十世紀の名著がモーリス・メルロ＝ポンティ『知覚の現象学』（中島盛夫訳　法政大学出版局）です。心身論に限らず二元論の超克はどの分野においても課題だと僕は考えています。

07 どういう人間像をスタンダードにすべきなのか

アウシュヴィッツでの出来事を記録した霜山徳爾訳『夜と霧　ドイツ強制収容所の体験記録』（みすず書房）の著者として知られる精神科医フランクルが人間にとって「死」とは何かを徹底的に論じたのが山田邦男監訳『人間とは何か　実存的精神療法』（春秋社）という書物です。著者フランクルの思想は、生の全面肯定から始まります。徹底的に自己の存在が否定される環境の最中でも、希望を紡ぎあげる秘訣はあるはずだと、省察する書物でおすすめです。ガザニガ（柴田裕之訳）『人間とはなにか』（ちくま学芸文庫）は、認知神経科学の世界的権威による「脳が明かす『人間らしさ』の起源」。先端知の人間論も刺激になります。

08　組織とはいったい誰のために存在するのか

人間は共同生活のなかで、なぜ自由と平等を失ったのでしょうか？　フランス革命を思想的に準備したルソーの古典的名著である中山元訳『人間不平等起源論』（光文社古典新訳文庫）は、そのメカニズムを解き明かす思考実験となっています。文明と野蛮を対比させるなかでむしろ「他人の評価によってしか生きることができない」文明人こそ不自由であるとの指摘にはゾクッとします。ルソーの中山元訳『社会契約論』（光文社古典新訳文庫）は、現代の民主主義を構想し、国家などの組織は何のために存在するのかの原則を教えてくれる、あわせて読みたい名著です。

09　「会社が忙しいというのもよくわからない」

数年前、岩崎夏海『もし高校野球の女子マネージャーがドラッカーの「マネジメント」を読んだら』（新潮文庫）がベストセラーとなりましたが、仕事や会社の存在理由や存在目的をきちんと理解するには、上田惇生訳『マネジメント　エッセンシャル版　基本と原則』（ダイヤモンド社）は必読の一冊です。私たちは企業の存在目的を売上だと思いがちですが、ドラッカーは「顧客を創造すること」（create a customer）だと言います。1人の顧客を創造し、大切にしていくことが新しい市場を作り出すとの指摘です。そして社会の変化に柔軟に対応できるかどうかも大切だと言います。「会社が忙しい」理由のからくりは、ドラッカーの視座から見直すとスッキリすると思います。

10 それなりに生きている世界のなかの複数の「私」

私が私であるために必要な契機のひとつは記憶の持続にかかっていますが、80分しか記憶が持たないとすればどうでしょうか。そんな元数学者「博士」と家政婦紹介組合から博士の家へ派遣された「私」。困惑しながらも、私の息子「ルート」を加え三者の交流は始まっていきます。博士の最後の日を迎えるその日までの交感は、「私」とは何かを根本から考えさせられる美しい小説です。記憶の持続を巡っては、生の哲学者・ベルクソンの杉山直樹訳『物質と記憶』（講談社学術文庫）もおすすめです。

01　学問というよろこび

辞書編纂者で『三省堂国語辞典』編集委員をつとめる飯間浩明さんの指摘や聖書の諺に注目すると、私たちの日常生活には知っているつもりで、実際には知らないことばかりかも知れません。その意味では、言葉ひとつから重要な気付きや発見があるのではないかと僕は考えています。それをフィールドワークするのが飯間さんの『辞書に載る言葉はどこから探してくるのか？　ワードハンティングの現場から』(ディスカヴァー携書)です。看板やポスター、値札などから生きたことばを探し出す興味深い一冊です。聖書の日本語訳は新しい諺を日本社会にもたらすだけでなく、新しい生き方を示し、日本の近代文学や教育にも大きな影響を与えました。聖書と日本文化全般についての最良な導きとなるのは、鈴木範久『聖書の日本語　翻訳の歴史』(岩波書店)です。そういえば、実は僕の専門は日本キリスト教思想史で、鈴木先生が恩師になります(汗)

02　見知らぬ一書との出会いが照らし直す日常生活

原子力の時代、人間は考えることから逃げようとしている、と指摘するのは二十世紀最高の哲学者と言われたハイデガーです。この言葉を導きとしながら、2011年の福島第一原子力発電所の事故を哲学の事件として検証するのが國分功一郎『原子力時代における哲学』（晶文社）です。

第二次世界大戦後、核兵器への反対の声と原子力の平和利用の肯定が共存するという二律背反のなかで、ハイデガーはいち早く核技術の危険性を指摘しています。著者はハイデガーの論考を頼りとしながら、古代ギリシア以来の哲学の論考に立ち戻り、自然と技術の関係を問い正していきます。ハイデガー（森一郎訳）『技術とは何だろうか 三つの講演』（講談社学術文庫）もおすすめです。

03　読書は果たして趣味なのか

出版不況が叫ばれて久しくなりますが、だからこそ「町の本屋」さんを大事にしたいと僕は考えています。特に田舎だと本屋という存在そのものが文化の拠点となっていると言っても言い過ぎではありませんからね。ぜひ、町の本屋さんにお立ち寄りくださいということで、辻山良雄『本屋、はじめました 増補版』（ちくま文庫）は、もともと大型書店に勤めていた著者が小さな自分の本屋を開くまでの軌跡を綴ったもので、清水玲奈『世界の美しい本屋さん』（エクスナレッジ）は、胸がときめく世界の素敵な本屋さんを紹介する一冊です。本屋さんについても、私たちは知っているようで知らないことの方が多いのではないでしょうか？

04 自由の刑罰

サルトルの著作はそのほとんどが日本語訳されていますので、アクセスしやすいのですが、近年、小説を中心に新訳が出ています。第二次世界大戦直前のパリを描く海老坂武ほか訳『自由への道』（岩波文庫）、突然襲う吐き気の意味から「存在とは何か」を探究する鈴木道彦訳『嘔吐』（人文書院）は、サルトルの実存主義哲学を理解するうえでは必読の作品です。またテレビ番組自体も素晴らしかったのですが、海老坂武『ＮＨＫ「１００分ｄｅ名著」サルトル 実存主義とは何か 希望と自由の哲学』（ＮＨＫ出版）は優れたサルトル入門で、こちらもおすすめです。

05　概念としての猫

二十世紀を代表する哲学者アルフレッド・ノース・ホワイトヘッドの有名な言葉に「ヨーロッパの哲学伝統の最も安全な一般的性格づけは、それがプラトンについての一連の脚注からなっているということである」というものがあります。西洋哲学の思索の軌跡とは、プラトンとの対話の中で発展してきたものであり、その影響からいまだ抜けきれていないという指摘です。好きであれ・嫌いであれプラトン抜きには、西洋哲学は考えられないということになりますが、先ず読んでおきたいのは、納富信留訳『ソクラテスの弁明』（光文社古典新訳文庫）、藤沢令夫訳『国家』（岩波文庫）の2冊です。前者はプラトンの師ソクラテスの裁判記録で哲学の出発点となる著作です。後者はイデア論や哲人政治の理想が語られる、もっともプラトンらしい一冊です。納富信留『プラトンとの哲学――対話篇をよむ』（岩波新書）とあわせて読むとよいかと思います。

06　余暇としての外国語学習

言語学の立場から、間違った外国語学習のイメージを取り払い、学ぶためのコツや楽しく勉強を続けるための勉強方法を教えてくれるのが黒田龍之助『外国語を学ぶための 言語学の考え方』（中公新書）です。これは僕ももう少しだけ早く読んでおけばよかったと唸った一冊です。語学学習とは単純には技術習得ですが、一方で言語学とは言語そのものとは何かと問う客観的な立場です。こうした学問の叡智を参考にすることで、技術習得も向上し学習も楽しくなるものです。

野矢茂樹、西村義樹『言語学の教室　哲学者と学ぶ認知言語学』（中公新書）もおすすめです。認知言語学という新しい学問と共に「『昨日、財布に落ちられました』はどうしておかしいんだろう？」（帯）という日常生活でのふとした問いを探究するのはおもしろいひとときです。

07　いい世の中をつくるための仕事

戦後日本の政治思想とその歴史を論じ未来を展望するのが歴史社会学者小熊英二さんで、『社会を変えるには』（講談社現代新書）では、戦後日本の社会運動を丁寧に概観した上で、社会運動の新しい可能性を探る骨太の論考で、私たちの「現在」を理解するうえでは読んでほしい一冊です。小熊さんの『生きて帰ってきた男　ある日本兵の戦争と戦後』（岩波新書）は、お父さんへのインタビューです。第二次世界大戦を挟みながら、戦後社会を疾走してきた「ある日本兵の戦争と戦後」をまとめたものですが、「いい世の中をつくるため」に人々が努力してきた記録とも言えます。戦後の「ねじれ」に注視する加藤典洋『敗戦後論』（ちくま学芸文庫）も読んでおきたい。

08 洗濯もののたたみ方ひとつも知らんの？

ハイデガーの主著である熊野純彦訳『存在と時間』（岩波文庫）は、二〇世紀の哲学的事件とでも言ってよい名著です。難解な著作として知られていますので、轟孝夫『ハイデガー「存在と時間」入門』（講談社現代新書）と合わせてお読みすることをおすすめします。ハイデガー研究として名高い木田元先生の読書記録『私の読書遍歴　猿飛佐助からハイデガーへ』（岩波現代文庫）もおすすめです。忍術小説に熱中した少年がいかにして哲学者へと成長したのでしょうか？　読書遍歴からその軌跡をたどるのは楽しいひとときです。

ポストコロニアル批評についての優れた入門書としては、本橋哲也『ポストコロニアリズム』（岩波新書）を挙げたいと思います。ここからスピヴァクへ進むのが僕のおすすめです。

おわりに

哲学することとは、具体的に言えば、これまで学んできたことを一旦解体して、それを自分自身で作り直していくプロセスなのじゃないのかなあと僕は考えています。

ポストコロニアル批評の哲学者スピヴァクは、それを「アンラーニング」(unlearning)と呼び、哲学者の鶴見俊輔さん(1922-2015)は、「学びほぐす」と表現しています。私たちはこれまでの人生の中で様々な学びを経験してきましたが、いったん学んだ知識や身につけた価値観を批判的に検討し、新たに学び直すべきではないかとの提案です。

自分自身の既知をあえて点検することによって、スピヴァクは、自らの特権を解体し、他者に対する偏見を解き放すことができると考えます。与えられた知識をいったんふるいにかけ、あえてもう一度自分自身で掴み直すとでも言えばよいでしょうか。

哲学とはまずもって私たちの「当たり前」という既知を問い直す営みという意味では、

スピヴァクや鶴見俊輔さんのいう、アンラーニング、あるいは学びほぐすことと同じではないかと僕は考えています。

哲学者のメルロ＝ポンティの言葉を借りれば、「哲学とは、自分自身の端緒のつねに更新されてゆく経験である」ということになります。毎日、自分自身が「常に更新されていく」なんて素敵ですよね。

さて、本書は、もともと、「哲学とはこんなふうに」という意図で、子どもに宛てた手紙のように書き始めたエッセイです。

ドイツの哲学者カントは「人は哲学を学ぶことはできない……ただ哲学することを学びうるのみである」という言葉を残しています。この言葉は、哲学とは覚える対象としての知ではなく、哲学することのなかにそれが実在するとの指摘です。カントに倣い、「哲学とはこんなふう」に暮らしのなかで実践できるのではないだろうかと試みてみました。

僕は、暮らしのなかでの気づきや発見のなかに、哲学することを見出し、そしてその本質はアンラーニングであると確信しています。

この営為を通して人は改めて自己を知り、他者を知り、そして世界を知るのではないかと考えています。その手続きを経ることで、たとえば、「どう考えてもこれしかない」であるとか「ほかに選択肢が見いだせない」といった暮らしの中の圧倒的な否応無し感を薙ぎ払ったり、埋もれていた別の選択肢を見出すことができるのではないかと考えています。

本書は僕にとっては初めての単著となります。「哲学とはこんなふうに」試みるものだよというささやかなお手伝いができたとすれば、望外の喜びであります。

本書を著すにあたっては大勢の方のお世話になったことにを深くお礼申し上げたいと思います。

まずは、厳しく学問人として鍛えてくださいました恩師・鈴木範久先生、ご指導ありがとうございました。本書の刊行をもちまして学恩に応える歩の踏み出ちにかえさせていただきます。

次に、現職の上司や同僚の皆様、ＮＰＯのスタッフ皆様には、自分自身で考える契機を日頃より与えてくださっていることに感謝しております。僕には理性の奴隷のようなところがあり、空気を読まない無礼な言動が多いかと思いますが、引き続きご容赦ください。

表紙のイラストを描いてくださったヒダカナオトさんには、急なオファーにも関わらず快諾して頂き、ありがとうございました。「これが哲学書なのか？」とすべての人が立ち止まってしまう独創的な「哲学画」！　次がありましたらぜひ、お願いします。

そして最後に本書のもうひとりの著者である明日香出版社の朝倉優梨奈さんに御礼申し上げたいと思います。

一冊の本を著すとは、ただ単に文章を書けば済むという単純な話ではないことを編集の過程で初めて知ることになりましたが……そしてその気づきや発見、そして理解が哲学することでもあるのですが……、私の書き散らしは、朝倉さんとの対話がなければ一冊の書物へと昇華されなかったのがその内実です。深く御礼申し上げます。ありがとうございました。

そして最後に哲学の話をもう少しだけ。

哲学とは「常に更新されていく」アンラーニングであると言いましたが、だとすれば、哲学とは、何かできあがった答えといったものを「所有する」、あるいはそれを「覚える」といってもよいかもしれませんが、そうした立場とは異なります。常に探究の途上にあるということです。「もう僕はすべてを知り、理解した、完成しちゃった」なんて思い上がることとはまったく異なる立場であることに留意したいと思います。僕もあなたも常に真理を探究する旅人であり続けたいと僕は考えています。

ヤスパース（1883－1969）の言葉で締めくくりましょう。

哲学の本質は真理を所有することではなく、真理を探究することなのであります。哲学とは途上にあることを意味します。哲学の問いはその答えよりもいっそう重要であり、またあらゆる答えは新しい問いとなるのであります。

出典：カール・ヤスパース草薙正夫訳『哲学入門』新潮文庫、２００５年。

哲学は常にあなたの暮らしの真正面から始まります。

Tell me what philosophy looks like!　This is what philosophy looks like!

■著者略歴

氏家　法雄（うじけ・のりお）

1972年香川県生まれ。

慶應義塾大学文学部文学科（ドイツ文学）卒。立教大学大学院文学研究科 組織神学専攻 後期博士課程 単位取得満期退学。

鈴木範久に師事し、キリスト教学、近代日本キリスト教思想史を専攻。

千葉敬愛短期大学、創価女子短期大学などで哲学、倫理学を担当。

論文には「吉野作造の『神の国』観」や「吉満義彦の人間主義論」などがある。

日本人がいかにキリスト教を理解してきたのかに関心を持ち研究を進める中で、「自分自身で考える」ことの重要さを知る。

現在は郷里の香川県へUターンし、「NPO法人あおぞら」理事として、地域再生の仕事に従事しながら、考えることと暮らしの新しい接続を実験している。

■ Twitter　@ujikenorio
■ Instagram　@ujikenorio.official

本書の内容に関するお問い合わせは弊社HPからお願いいたします。

暮《く》らしを哲学《てつがく》する

2021年　8月　30日　初版発行

著　者　氏《うじ》　家《け》　法《のり》　雄《お》
発行者　石　野　栄　一

明日香出版社

〒112-0005 東京都文京区水道2-11-5
電話 (03) 5395-7650（代 表）
(03) 5395-7654（FAX）
郵便振替 00150-6-183481
https://www.asuka-g.co.jp

■スタッフ■　編集部　田中裕也／久松圭祐／藤田知子／藤本さやか／朝倉優梨奈／竹中初音／畠山由梨／竹内博香
営業部　渡辺久夫／奥本達哉／横尾一樹／関山美保子

印刷　美研プリンティング株式会社
製本　根本製本株式会社
ISBN 978-4-7569-2166-6 C2010

編集担当　朝倉優梨奈

令和7年版

根本正次のリアル実況中継

司法書士 合格ゾーン テキスト

4 不動産登記法Ⅰ